Stb

BRAN O. HODAPP wurde ab seinem 11. Lebensjahr spirituell geschult. Der »geistige Vater« seiner Familie war August Engler, danach sein Vater Paul Hodapp. Später suchte Bran O. Hodapp seine Lehrer sowohl in Europa, als auch in den USA, wo er von nordamerikanischen Indianern Initiationen erhielt.

Er lebte für 6 Monate, ohne zu essen, durch sogenannte Lichtnahrung. In Tibet absolvierte er ein Praktikum in Traditioneller Tibetischer Medizin. Schließlich wurde er Ngakpa Lama im Weißen Orden Tibets und unlängst Linienhalter des Vajrakilaya Tantra durch S. E. Chokyur Lingpa Rinpoche.

Seit 1990 widmet er sein Leben der spirituellen Geistheilung und der magischen Hilfe sowie der Weitergabe seiner Erfahrungen an einzelne Schüler. In Lahr im Schwarzwald gründete er den tibetisch-buddhistischen Verein Ngakpa e. V. (www.tibet-lahr.de), von dem heute die meisten seiner Aktivitäten ausgehen.

IRIS RINKENBACH, Heilerin, Autorin und spirituelle Lehrerin, leitet die Alrunia Mysterienschule (www.alrunia.de), wo sie geistiges Heilen, Kabbalah und Weiße Magie unterrichtet. Anhand von zahlreichen Übungen und Ritualen der Weißen Magie erklären die Autoren, wie jeder Mensch seine eigenen Kräfte gegen äußere Beeinträchtigungen mobilisieren kann.

Weiße Magie ist jener Teilbereich der Magie, der sich mit der Auflösung von Blockaden und negativen Energien zum Wohle aller beschäftigt. Und so erfährt der Leser auch, daß die Entwicklung seiner selbst, dic Schulung seines Charakters, die Basis für jede erfolgreiche Energiearbeit ist.

Bran O. Hodapp • Iris Rinkenbach

Weiße Magie

Spirituell das Leben meistern

Stb

ISBN 978-3-8434-4410-1

5. Auflage 2011

Bilder und Illustrationen: Stephan Faust, Horst Huber,
Bran O. Hodapp, Iris & Daniel Rinkenbach
Umschlaggestaltung: Murat Karaçay, Schirner
Lektorat: Momo Evers
Satz: Elke Truckses, Schirner
Printed by: FINIDR, Czech Republic

www.schirner.com

Inhaltsverzeichnis

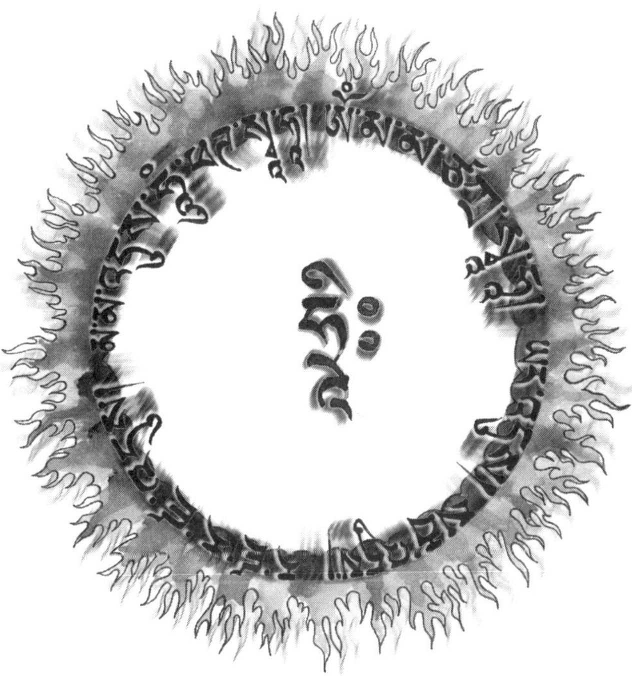

Allen Wesen auf dem Pfad der Befreiung

Danksagung

Wir danken allen sichtbaren und unsichtbaren Helfern, die uns auch bei diesem Buch kräftig unterstützt haben.

NAMO GURU BHYA
NAMO DEVA BHYA
NAMO DAKINI BHYA

Vorwort

Magie

Was ist Magie, und was ist sie nicht?

In den vielen Jahren, in denen wir nun Lehren und Mysterienwissen weitergeben, erleben wir immer wieder, daß Menschen, die uns begegnen und um Rat fragen, ein vollkommen falsches Bild von Magie haben.

Im Laufe seiner Inkarnationen entwickelt der Mensch durch seine jeweilige Religion, in der er aufgewachsen ist, ein Gefühl für Spiritualität. Sein Glaube stützt ihn und gibt ihm Hoffnung, um auch schwierige Lebenslagen und Leid ertragen zu können. So kann er es bis zum Heiligen bringen, der durch die Kraft seines unerschütterlichen Glaubens Wunder zu manifestieren in der Lage ist. In seinen nächsten Verkörperungen wird der Heilige zum Mystiker. Er lernt die Gesetze und Wahrheiten, die Kern jeder Religion sind, zu erkennen. So erst ist er in der Lage, eine Art »Universalreligion« zu entwikkeln. Er kann jede Religion akzeptieren, nimmt ihre jeweiligen Schwächen und Fehler hin und baut auf die guten Seiten und die universelle Wahrheit. Wenn der Mystiker nun im Laufe weiterer Inkarnationen zum Magos* heranreift, behält er all jene guten Eigenschaften des Mystikers, erkennt aber, daß er ein vollkommenes Abbild Gottes ist. Voller Hingabe widmet er sich als Magier der eigenen Gottwerdung, so wie es Jesus Christus erkannt hat, als er in der Bergpredigt aussprach: Ich und der Vater sind eins!

* Aus dem Griechischen stammende Bezeichnung für Priester und Magier.

Der Magos bringt seine Elemente ins Gleichgewicht. Er lernt, diese respektive seinen Charakter zu beherrschen. Er überwindet seine Leidenschaften und befreit sich vollkommen. Dies gelingt ihm nur, weil er beginnt, die Naturgesetze zu erfahren. Er lernt, die Natur des Geistes zu erkennen und zu begreifen. So erst offenbart sich ihm, daß es in Wahrheit kein »Gut« und kein »Schlecht« gibt und Wertungen nur durch die beschränkte Sichtweise des in der Materie gefangenen Verstandes existieren. Am vermeintlich Schlechten lernt er, und am vermeintlich Guten erfreut er sich. Der Magos erkennt, daß alle Sinnesfreuden und Leiden nur Spieglungen des Geistes sind und keine unabhängige Existenz haben.

Vermag der Magos seinen Geist derart mit dem Universalen Geist zu verschmelzen, kann er Dinge tun, die einem Uneingeweihten unbegreiflich erscheinen mögen. Für ihn, den Magos, ist aber alles völlig normal. So kann er etwa viele Monate ohne Nahrung auskommen und dabei vollkommen gesund bleiben. Es ist ihm möglich, 140 Jahre und älter zu werden, falls er dies wünscht. Auch kann er sich im Moment des Todes in Licht auflösen. Die Tibeter nennen dieses Phänomen »das Entwickeln des Regenbogenkörpers«. Es ist in etwa mit der Himmelfahrt Jesu zu vergleichen.

Was vor 2000 Jahren geschehen ist, wird heute gemeinhin als Wunder bezeichnet. Doch die Yogis des Himalaja beherrschen diese »Wunder« noch heute. Es sind dort die Dzogchenpas, die durch spezielle geheime Methoden nicht nur die Meisterschaft des langen Lebens erreichen. Der Lehrer meines Lehrers erweckte im Jahr 1964 im Alter von fast 150 Jahren und vor den Augen der Öffentlichkeit den Regenbogenkörper. Wir selbst haben – wie viele andere auch – monatelang nichts gegessen und kamen mit nur wenigen Stunden Schlaf aus. Der Magos vermeidet es, solche Siddhis* bewußt anzu-

* Sanskritwort, Meisterschaften, die vom Nichteingeweihten als Wunder betrachtet werden könnten.

streben. Sie entstehen vielmehr als Resultat jahrelangen Trainings und jahrelanger Selbstmeisterung.

In diesem Buch beschreiben wir eine Essenz aus christlichen und tibetischen Methoden. Eine jede von ihnen hat das Potential, Sie ein Stück Ihres Weges zu begleiten und zu führen. Sie können Ihnen helfen, jene Wahrheit zu erkennen, von der weiter oben die Rede ist. Die tibetischen Methoden stammen größtenteils aus dem Anuyoga-Tantra und dem Ati-Yoga (Dzogchen). Unter Tantra kann der Yogi des Himalajas dasselbe verstehen, wie der westliche Mensch unter Magie. Die Christlichen Methoden stammen aus dem Fundus der Mystiker und Magier, die im Mittelalter die Weisheiten der islamischen Sufi, der jüdischen Kabbalisten Spaniens und der Christen vereinten. Einer von ihnen war der Martinist und Arzt Papus.

Sie sehen, lieber Leser, daß wahre Magie nichts mit Zauberei zu tun hat. Wenn Sie dies erwarten, legen Sie dieses Buch wieder zurück.

Karma, Gott und Co.

In vielen esoterischen Texten ist die Rede von Karma, dem Zusammenspiel von Ursache und Wirkung. Doch scheint uns Karma eines der im Westen meist mißverstandenen Lebensgesetze zu sein. Um das eigene Leben und seine Umstände verstehen und akzeptieren zu lernen, werden wir uns daher zunächst einmal näher mit dem Karma beschäftigen.

Karma und das sich daraus bildende Schicksal können in seiner tiefen Bedeutung und Wirkungsweise erst dann verstanden werden, wenn wir die Möglichkeit der Wiedergeburt über viele Zeitalter hinweg als gegebene Tatsache akzeptieren. Obwohl die Existenz unseres physischen Menschenkörpers nur von kurzer Dauer und er selbst dazu bestimmt ist, zu vergehen, endet doch nicht alles mit dem Tod. Auch über den Tod hinaus sind wir gezwungen, all jene Wirkungen, die sich im Laufe unzähliger Verkörperungen angesammelt haben, auf uns zu nehmen.

Aus dem Sanskrit-Lexikon:
Sanskrit: Tat, Handlung, Aktivität;
Karma kann verstanden werden als:

1. eine geistige oder körperliche Handlung;
2. Konsequenz einer geistigen oder körperlichen Handlung;
3. die Summe allen Tuns eines Individuums in diesem oder vorangegangenen Leben;
4. die Kette von Ursachen und Wirkungen in der moralischen Welt;
5. rituelles Handeln.

Das Gesetz des Karma gehört zu den Fundamenten verschiedener Traditionsströme, die auf indischem Boden entstanden sind, und findet sich in ähnlicher Form in vielen anderen Religionen, denen es um die ethische Verantwortlichkeit des Menschen für sein Tun geht. In der Kombination mit dem Reinkarnationskonzept versucht es zu erklären, warum Menschen in unterschiedliche Lebenssituationen kommen. Krankheit und Leid sind in diesem Zusammenhang Aufgaben der Reifung, die sich eine Seele gestellt hat, um den Weg zu Gott zurückzufinden. Oft wird das Karma-Konzept als eine Schicksalsgläubigkeit mißverstanden. Tatsächlich meint es aber, daß der Mensch die vollständige Verantwortung für sein Tun hat und deshalb auch die Freiheit besitzt, jetzt einen neuen Weg einzuschlagen. Die spirituelle Entwicklung beinhaltet die Loslösung vom Konzept des Karma, der Befreite handelt zwar auch, tut dies aber nicht mehr aus individuellen Motiven heraus; er wird deshalb durch seine Handlungen nicht mehr gebunden. Man unterscheidet drei Arten von Karma:

- *Agami-Karma* (das herankommende, zukünftige Karma),
- *Prarabdha-Karma* (das aktivierte Karma, die Wirkung von Handlungen aus früheren Leben);
- *Sancita-Karma* (angesammeltes, aufgehäuftes Karma); die angesammelten Charaktertendenzen – Samskara – die ein Mensch in vergangenen Leben geschaffen hat und die darauf warten, sich in einem zukünftigen Leben auszuwirken. Im gegenwärtigen Leben ist das Sancita-Karma nicht aktiv, sondern in einem Samenzustand. Durch spirituelle Praxis können diese Samen beeinflußt und somit ihrer Wirksamkeit beraubt werden.

Ist eines Königs Zeit gekommen, die Welt zu verlassen,
werden ihm weder sein Reichtum noch seine Freunde und Familie folgen.
Wo auch immer du bist, wohin auch immer du gehst,
Karma folgt dir wie dein Schatten.

BUDDHA, RAJAVADAKA-SUTRA

Das Wirken von Karma kann sowohl negativ als auch positiv sein. So spricht man oft von positivem oder negativem Karma. Wenn meine eigenen Handlungen im allgemeinen das Potential entfalten, vorhandenes Leid in meiner Umwelt zu lindern oder gar zu vermeiden oder aufzulösen, dann schaffe ich mir selbst durch das sogenannte »Ansammeln von guten Taten« eigenes positives Karma. Im umgekehrten Falle verhält sich das Gesetz von Ursache und Wirkung – Kausalgesetz – ebenso konsequent: Entfalten meine Handlungen das Potential, Leid zu verursachen oder bestehendes Leid zu verstärken, so ernte ich nach dem selben, eigentlich physikalischen Gesetz, deren Wirkung ebenfalls am eigenen Leibe. Wann sich diese karmischen Auswirkungen bemerkbar machen und sichtbar werden, liegt an der jeweiligen emotionalen Stärke des Menschen und an der Menge, der Häufigkeit von ihm verübter, einander ähnlicher Verhaltensweisen.

In der Physik und der Chemie können wir beobachten, daß sich zwei gegensätzliche Kräfte oder Substanzen bei deren Berührung oder Vermischung neutralisieren können. Als einfaches Beispiel sei hier das Vermengen einer Säure und einer Lauge genannt, oder auch das Vermischen von heißem und kaltem Wasser in je gleichem Verhältnis.

So kann »angesammeltes gutes Karma« durch erneute negative Handlungen aufgebraucht – aber auch umgekehrt angesammeltes negatives Karma durch positive Handlungen entschärft werden.

Daß Jesus Christus diese Gesetzmäßigkeit kannte, veranlaßte ihn zu seiner Rede am Ölberg (Mt. 5,38-42):

» …Ihr habt gehört, daß gesagt worden ist:
Auge um Auge und Zahn für Zahn.
Ich aber sage euch: Leistet dem, der euch etwas Böses antut, keinen Widerstand, sondern wenn dich einer auf die rechte Wange schlägt, dann halt ihm auch die andere hin.
Und wenn euch einer vor Gericht bringen will, um dir das Hemd wegzunehmen, dann laß ihm auch den Mantel.
Und wenn dich einer zwingen will, eine Meile mit ihm zu gehen, dann geh zwei mit ihm.
Wer dich bittet, dem gib, und wer von dir borgen will, den weise nicht ab …«

Gerade im Sudra-Buddhismus liegt der Schwerpunkt der religiösen Lehren in der Einhaltung von strengen Verhaltensregeln. Man nimmt sogar an, daß diese Regeln eigentlich nur in klösterlichem Leben eingehalten werden können, da die äußere Welt zu viele Ablenkungen und Leidenschaften birgt, die das Vermeiden von negativen Handlungen nahezu unmöglich machen. Die Einhaltung dieser religiösen Regeln soll dazu dienen, so viele gute, positive und altruistische Handlungen anzusammeln als nur irgendwie möglich. So wird man sich einerseits besserer zukünftigen Inkarnationen (Verkörperungen) erfreuen und andererseits dem Ziel, eigene Buddhaschaft (Erleuchtung) zu erreichen, näher kommen.

Im Tantra-Buddhismus wird das oben Geschilderte relativiert. Man geht davon aus, daß – ähnlich dem Gedanken der Alchimie – durch bestimmte Methoden Unedles in Edles umgewandelt werden kann. So beschränkt man sich nicht ausschließlich auf die Möglichkeit des Ausgleiches durch Ansammlung guter Taten. Daher werden im Tantra-Buddhismus negative Charaktereigenschaften nicht unbedingt negiert; sie werden vielmehr ganz bewußt genutzt und kanalisiert. Im Westen wurden tantrische Anschauungen über die Umwandlung von sexueller Energie in spirituelle Energie bekannt. Dieses Beispiel allerdings stellt nur einen sehr kleinen Ausschnitt der umfangreichen und zum Teil sehr komplizierten tantrischen Anweisungen dar.

Im Ati-Yoga, der Essenz aller Lehren, geht man davon aus, daß alles an sich perfekt ist. Auch der Mensch selbst muß nicht erst zu spiritueller Größe heranreifen, sondern besitzt diese bereits in vollem Umfang (siehe Christus: »Ich und der Vater sind eins.«). Lediglich die durch das Karma verursachte, begrenzte Sichtweise des verkörperten Menschen erweckt den Trugschluß, daß Dinge und Situationen existieren könnten, die nicht vollkommen wären. Diese begrenzte Sichtweise veranlaßt uns Menschen dann, leidvoll zu urteilen und zu han deln, was uns noch mehr ans Rad der Wiedergeburten bindet – also neues hinderliches Karma schafft. So ist der Ati-Praktizierende bemüht, seinen sogenannten ursprünglichen (reinen, von Konzepten freien) Zustand zu erkennen, um sich dann tatsächlich vom sich immer drehenden Rad des Karmas und der Wiederverkörperungen zu lösen. Dieser Zustand (tibetisch: Rigpa) stellt dann die erreichte Buddhaschaft dar. Im Westen würden wir denselben Zustand als Christus (hebräisch: Messiah) bezeichnen.

Weiter erklärt Jesus das Gesetz des Karmas in seiner Bergpredigt (Mt. 5,43-48):

»Ihr habt gehört, daß gesagt worden ist: Du sollst deinen Nächsten lieben und deinen Feind hassen.
Ich aber sage euch: Liebt eure Feinde und betet für die, die euch verfolgen, damit ihr Söhne eures Vaters im Himmel werdet; denn er läßt seine Sonne aufgehen über Bösen und Guten, und er läßt regnen über Gerechte und Ungerechte.
Wenn ihr nämlich nur die liebt, die euch lieben, welchen Lohn (Anmerkung des Autors: Karma) könnt ihr dafür erwarten? Tun das nicht auch die Zöllner?
Und wenn ihr nur eure Brüder grüßt, was tut ihr damit Besonderes? Tun das nicht auch die Heiden?
Ihr sollt also vollkommen sein, wie es auch euer himmlischer Vater ist.«

Wenn wir unser eigenes tägliches Leben betrachten, werden wir sicherlich leicht feststellen können, daß jede unserer Handlungen eigentlich eine Reaktion auf eine vorausgegangene Situation ist. Und diese aktuellen Handlungen schaffen wiederum Situationen, die zukünftiges Handeln und zukünftige Resultate mit sich bringen. Nichts Wirkliches existiert also aus sich selbst heraus; alles steht stets in Abhängigkeit mit einer anderen Sache, Situation oder Handlung. Lediglich der Geist, jener König, der alles erschafft, existiert unabhängig von allem, frei von jedweder Kausalität. Dieser Geist kennt kein persönliches Ich. Er ist der Zustand des Nirvana der Buddhisten aber auch der »Vater im Himmel« der Christen.

Es gibt keinen strafenden Gott, wie es die westlichen Religionen gerne beschreiben. Es gibt aber ein Gesetz von Ursache und Wirkung, das sich innerhalb von sechs verschiedenen sogenannten Daseinsebenen verwirklicht und sich unabdingbar in jeder Sekunde erfüllt.

Diese sechs Daseinsebenen werden von den Weisen des Orients als Bewußtseinszustände beschrieben. Ihre Analogien sind ebenfalls in den biblischen Auslegungen zu finden:

1. Die niedersten Bewußtseinsebenen sind die sogenannten Höllen, wobei man zwischen neun heißen und neun kalten Höllen unterscheidet.
2. Die zweitniederste Bewußtseins- oder Daseinsebene ist die Welt der sogenannten Hungergeister (tibetisch: Preta)
3. Die dritte Daseinsebene ist das Tierreich,
4. dann folgt die Daseinsebene der Menschen,
5. die Daseinsebene der sogenannten Halbgötter, der Titanen (Sanskrit: Asuras) und schließlich
6. die Daseinsebene der Gottheiten, der Devas.

Jeder dieser Daseinsebenen können bestimmte Charaktereigenschaften und Temperamente zugeordnet werden, die in entsprechender Wechselwirkung zu dem Menschen stehen und diesen beeinflussen. Solche Wechselwirkung zwischen dem Menschen, seinem Charakter und den unterschiedlichen sechs Daseinsbereichen binden den Menschen an das Rad des Schicksals, das Karmarad, die Wiedergeburt.

Auch die Bewohner der jeweiligen Daseinsebenen selbst,

angefangen bei den Höllenbewohnern bis hin zu den Gottheiten, den Devas (im Westen würden wir sie als Engel bezeichnen), sind an das Rad der Wiedergeburten gebunden, da keine ihrer eigenen Sichtweisen vollkommen ist. Somit ist auch dort jede Erscheinung vergänglich.

Erst wenn wir jede Erscheinung als Spiegelung einer (tatsächlichen) Wahrheit und nicht als die absolute Wahrheit selbst erkennen können, sind wir in der Lage, unseren Geist bewußt aus diesen sechs Daseinsebenen hinaus auszudehnen und einen nondualen, einen ganzheitlichen Zustand erreichen. Wir wissen dann und erkennen selbst, daß wir alles in uns tragen und in Wahrheit nichts außerhalb unseres Selbst existiert – auch kein persönliches Ich.

In der biblischen Schöpfungsgeschichte (Genesis) heißt es:

»Gott schuf den Menschen nach seinem Ebenbild.«, und Jesus sprach »Ich und der Vater sind eins«.

Beide Aussagen umschreiben das oben erklärte mit den für die damalige Zuhörerschaft geeigneten Worte und Redewendungen.

Dieser sogenannte ursprüngliche Zustand, frei von Provokationen und Wechselwirkung der sechs Daseinsebenen, kann dann erreicht werden, wenn alle Charaktereigenschaften des Menschen erkannt und ausgeglichen werden und gleichzeitig die Wurzel von Leid gejätet wird. Als Hauptursache von Leid gelten:

- Nichtwissen (um die Gesetze von Weisheit und Karma)
- Anhaftung, Begierde (das Festhalten durch Verlustangst)
- Wut und Zorn.

Der Mensch steht also, wie oben schon beschrieben, durch seinen Charakter im Einflußbereich der übrigen fünf Daseinsbereiche. Jeder dieser fünf Bereiche (es sind sechs, zählt man die menschliche Ebene hinzu) kann einem Element und bestimmten Charaktereigenschaften sowie einer sie »beherrschenden bzw. ausgleichenden Macht«, den sogenannten fünf Buddha-Familien, zugeordnet werden.

Die 6 Daseinsbereiche und ihre Bewohner:

Hoher Bereich:

1. Deva – Stirn:
Stolz
Gleichmut, Weisheit der Gleichwertigkeit

2. Asura – Hals/Nacken:
Neid
Gönnerschaft, Vollendete Weisheit

3. Mensch – Herz:
Leidenschaften
Weisheit

Niederer Bereich:

4. Tier – Nabel:
Unwissenheit
unbegrenzte Intelligenz

5. Preta – Sexualbereich
Geiz, Gier
Großzügigkeit, unterscheidende Weisheit

6. Höllenwesen – Füße
Haß, Zorn
Klarheit, spiegelgleiche Weisheit

> *»Aufgrund des Begehrens, des Werdens und der Unwissenheit wandern die Wesen ohne Bewußtheit zwischen den fünf Klassen des Seins im Kreise –*
> *zwischen dem Mensch-Sein, dem Götterdasein und dem Sein in den drei unteren Daseinsbereichen – gerade so, wie auf der Scheibe eines Töpfers.«*
>
> BUDDHA, LALITAVISTARA-SUTRA

Unter Werden versteht man eines der 12 Glieder des abhängigen Entstehens. Es bezeichnet die Möglicheit, eine neue, dem Karma bedingte Lebensform, hervorzubringen. Diese zwölf Glieder erklären den Prozeß des Ansammelns von Karma auf der Basis des Prinzips von Ursache und Wirkung. Die Unwissenheit, Verdunkelung oder das Nicht-Erkennen bedeuten hier, daß wir uns der wahren Natur der Erscheinungen nicht bewußt sind. Wir ordnen dem, was ohne »Ich« ist, ein Selbst zu. Aus dieser Unwissenheit heraus entstehen die Geistesformationen (tibetisch: Samskara). Sie ordnen die Handlungen und, als Konsequenz davon,, die Ansammlung karmischer Spuren. Die Geistesformation bedingt das Bewußtsein, das gezwungen wird, sich in einer der Formen der Existenz zu reinkarnieren.

Wenn, an diesem Punkt angelangt, das Bewußtsein in den

Mutterleib eingeht, entstehen die fünf Skandhas: Namen und Formen, Bewußtsein, Empfindung, Wahrnehmung, Geistesformation und Form. Danach entstehen die sechs inneren Sinnesorgane. Aus diesen wiederum entsteht das Empfinden, das angenehm oder unangenehm sein kann. Aus den angenehmen Empfindungen erwächst das Verlangen, angenehme Sinnesobjekte zu besitzen.

Aus diesem Verlangen resultiert die Anhaftung an diese Objekte. Wir wollen uns nicht mehr von dem trennen, das zuvor Freude verursacht hat. Diese Anhaftung verursacht die Handlungen, die als Ursache für die nächste Wiedergeburt dienen. So wird das Entstehen weitergeführt. Aufgrund dieser Ursachen erlangen wir eine neue Wiedergeburt mit allem Leiden, das daraus entsteht.

Die Geburt bringt unweigerlich das Altwerden und den Tod mit sich, und der Zyklus von Tod und Wiedergeburt (Samsara) wiederholt sich erneut.

Jedes dieser Glieder produziert dasjenige, das ihm nachfolgt. Und dieses ist wiederum das Produkt des Gliedes, das ihm vorangeht. Wenn wir dieses Prinzip erkennen und das erste Glied, die Unwissenheit, zerstören, so zerstören wir auch die Geistesformationen und alles Folgende. So zerstören wir das Karma.

Magische Heilung

Das Lindern von negativem Karma

Nun, da wir wissen, was Karma ist, wie es entsteht und wirkt, kommen wir zu dem Schluß, daß nichts, was uns in irgendeiner Weise widerfährt, eine Ursache im Äußeren haben kann. Das bedeutet: Ich selbst lege den Samen für alle Ereignisse, die eine unmittelbare Wirkung auf meinen Charakter, meine eigenen Lebensumstände, meine Gesundheit und mein Schicksal haben könnten. Bei dieser Erkenntnis geht es aber nicht um Schuld, Unschuld oder gar um das Aufkommen von schlechtem Gewissen. Sie dient lediglich dem Erkennen und Annehmen von Disharmonien.

Schon alleine das Annehmen dieser Sichtweisen führt den Menschen unweigerlich in die absolute Selbstverantwortung. Er hört damit auf, einen Schuldigen im Außen zu suchen und versetzt sich somit allmählich in die Lage, alle Ursachen von Störungen bei sich selbst zu finden. Solche Störungen sind Disharmonien des Körpers – also der physischen Ebene, des Ausdrucks, Gefühls und der Sprache –, der seelischen Ebene und schließlich Disharmonien des Geistes. Das Annehmen und Akzeptieren der Tatsache, daß Leid nur auf Grund einer Störung des eigenen (Elemente-) Gleichgewichts existiert, kann oft schon halbe Heilung oder Linderung des Leids bedeuten.

In diesem Zusammenhang sei erwähnt, daß es in der tibetischen Sprache kein Wort für Selbstmitleid oder schlechtes Gewissen gibt. Westliche Ärzte mußten erstaunt feststellen, daß nicht einer der tausenden Tibeter, die von der chinesischen Besatzungsmacht über viele Jahre hinweg inhaftiert und gefoltert wurden, ein zu behandelndes psychisches Traumata aufwies. Sie alle akzeptierten ihr Leid als Teil ihres Schicksals und nahmen es an, anstatt den Leidensdruck durch Bekämpfen des eigenen Schicksals zu erhöhen.

In Zeiten des Leids suchen tibetische Buddhisten oft Zuflucht bei Chenresig oder der Tara, um die Kräfte des Mitgefühls in Gang zu setzen, die über das Potential der Leidminderung verfügen. Beide, Chenresig wie auch die Tara, gelten als kraftvolle Verkörperungen des Mitgefühls. Um Chenresig oder die Tara, welche der christlichen Maria sehr ähnlich ist, anzurufen, kennen die Tibeter spezielle Gebetstexte und Visualisierungen, die an späterer Stelle genauer erläutert werden.

Eine sehr effektive und unter den Tibetern weit verbreitete Methode, negatives Karma, ganz gleich welcher Art, Herkunft und Wirkung zu reinigen und aufzulösen, sind die Übungen des Vajrasattva und die Rezitation des sogenannten Einhundertsilben-Mantras.

Die etwa 600 Jahre nach dem Buddhismus entstandene christliche Mystik kennt ähnliche Denkansätze, weshalb man beide Religionen – trotz des Protestes einiger Buddhisten und westlichen Theologen – durchaus miteinander vergleichen kann. Die Ansätze des Mitgefühls, das Karma-Verständnis und der Glaube an Reinkarnation (Wiedergeburt) waren in den ersten Jahrhunderten des Christentums fester Bestandteil des Glaubensdogmas – und mit dem Buddhismus identisch.

Um sich in schwierigen und leidvollen Zeiten an eine Kraft des Mitgefühls und der Hoffnung anschließen zu können, entwickelten die frühen christlichen Mystiker und Weisen Gebete. Diese können auch heute noch ebensolche Potentiale freisetzen, wie die machtvollen Mantren der indischen und tibetischen Tradition. Insbesondere sei auf das »Vater unser« der Bergpredigt, als auch auf das Gebet »Der Gute Hirte« hingewiesen. Anrufungen an Maria und ihre Hilfe können sehr wirkungsvoll über die Gebete des glorreichen und freudvollen Rosenkranzes geschehen (siehe Seite 239).

Das »Vater unser« in der Fassung des Hermetischen Orden Melchisedek:

Mutter Vater Schöpfer Gott
Der sich in mir in seiner höchsten Form vollendet und manifestiert
Und zum Ausdruck bringt,
der ich bin, war und sein werde
geheiligt ist Dein Name
in Deinem Reich lebe ich
Dein Wille geschieht und manifestiert sich in mir durch mich.
Mein tägliches Brot erhalte ich immer und überall
Meine Schuld ist mir vergeben,
so auch ich meinen Schuldigern vergebe
Du führst mich aus der Versuchung
und löst mich von dem Bösen
Denn Dein ist das Reich und die Kraft
und die Herrlichkeit in Ewigkeit
AMEN

Übung: Das Ingangsetzen des Mitgefühls

So wie in der christlichen Welt das Vater Unser bereits den kleinsten Kindern beigebracht und gemeinsam mit ihnen gebetet wird, lernen die tibetischen Buddhisten bereits im Kleinkindalter das Gebet des Chenresig:

OM MANI PADME HUM

(tibetisch gesprochen: Om Mani Peme Hung), was so viel wie: *Heil Dir, Weisheit im Lotus*, bedeutet. Wer schon einmal eine Himalaja-Reise erlebt hat und auf Tibeter gestoßen ist, weiß von den vielen Gebetsmühlen zu erzählen, auf denen stets das Mantra OM MANI PADME HUM geschrieben steht. Und auch im holen Inneren all dieser Mani-Räder befindet sich das Mantra mindestens 1000mal geschrieben. Man weiß dort, wie effektiv das oftmalige Wiederholen eines Mantras ist. Deshalb wird es mindestens 108 mal hintereinander, oft sogar mehrere 1000mal täglich wiederholt.

- Besorgen Sie sich eine Mala (Gebetskette/Rosenkranz mit 108 Perlen). Sie dient dem Zählen der wiederholten Gebete. Sie können natürlich auch einen einfachen Bindfaden nehmen und auf diesen 108 Perlen ziehen.

Übung: Mantra zum Segnen der Mala

Ihre Mala wird bei oftmaligem Gebrauch automatisch ein kraftvoller Ritualgegenstand. Jede Perle des Rosenkranzes nimmt ganz allmählich die Funktion eines Kraftspeichers ein. Dies gilt ganz besonders für die Abschlußperle der traditionellen Gebetsketten, die auch nicht zu den 108 Perlen gezählt wird, also eine 109. Perle ist. Um der Mala von Anfang an einen besonderen, sakralen Charakter zu geben, empfielt es sich, diese mit einem ganz bestimmten altüberlieferten Ritual – Mantrarezitation – zu segnen bzw. zu aktivieren.

- Nehmen Sie ihre Gebetskette – Mala –, und legen diese vor sich auf den Tisch. Halten Sie Ihre Hände in segnender Geste darüber, und sprechen Sie folgende Mantren, um die Mala zu segnen und zu aktivieren:

  OM RUTSI RAMANI PRAVARTAJA HUNG PHAT
  OM SHRI PEMA NIRTI SHVARI HUNG

- Wiederholen Sie die obigen Zeilen siebenmal, und sprechen Sie danach folgendes Mantra 108 mal:

OM AH HUNG

Es versteht sich von selbst, daß alle Ritualgegenstände und in unserem Falle eben auch die Gebetskette, besonders zu behandeln sind. Verwenden Sie die Mala so, wie ein gläubiger Christ mit dem Rosenkranz umzugehen pflegt. Geben Sie Ihrer Mala ein spezielles Gefäß oder Aufbewahrungsbeutel, der ganz nach ihrem eigenen Ermessen gestaltet sein kann.

Übung: Kurze Chenresig-Übung

- Setzen Sie sich entspannt hin, und beginnen Sie leise, das Mantra

OM MANI PADME HUM

zu sprechen. Nach jeder Wiederholung des Mantras lassen Sie eine Perle ihrer Gebetskette durch die Finger gleiten. So wissen Sie, wann die 108 Wiederholungen vollendet sind. Machen Sie sich nun dieses Mantra zur Gedankengewohnheit, zum »Ohrwurm«. Er wird ihren Geist an das Mantra binden und destruktive und sorgenvolle Alltagsgedanken vertreiben. Gehen Sie mit dem Mantra in den nächtlichen Schlaf, und wachen Sie mit ihm wieder auf. Wenn Sie in dieser sehr einfachen Übung konsequent sind, werden Sie bei der Selbstbeobachtung recht schnelle Erfolge verspüren können.

Übung: Die Methode zur Reinigung von negativem Karma

Die Übungen des Vajrasattva

- Visualisieren Sie folgendes (siehe Bild nächste Seite):
- Über Ihrem Scheitel (Fontanelle) erscheint eine weiße Lotusblüte. Auf dieser Lotusblüte liegt eine Mondscheibe, auf der sich die tibetische Silbe Hung befindet.

Das Hung verwandelt sich in einen Vajra mit einem Hung in seinem Zentrum, von dem regenbogenfarbenes Licht ausgeht. Dieses Licht reinigt die Verdunkelungen aller Wesen und bringt allen Buddhas und Bodhisattvas (ein das Mitgefühl Ausübender) Opfergaben dar. Es kehrt zurück und verschmilzt mit der Keimsilbe Hung (am Scheitel).

Daraus entsteht Vajrasattva, der in seiner Essenz unser eigener innerer Lehrer – Wurzelguru – ist.

Vajrasattva ist von weißer Gestalt und hält Vajra und Glocke in seinen Händen. Er sitzt anmutig in der halben Lotus-Haltung.

An seinen drei Stellen – Stirn, Hals und Herz – befinden sich die Mantra-Silben Om, Ah, Hung. Von diesen Mantra-Silben strahlt Licht aus, welches die Weisheitswesen und Einweihungsbuddhas einlädt.

- Sprechen Sie einmal DSA HUNG BAM HO, und visualisieren Sie, wie vier Dakinis (engelhafte Wesen) die Weisheitswesen abholen und heranbringen. Diese Weisheitswesen verschmelzen nun untrennbar mit dem über uns schwebenden Vajrasattva.

Nun erscheinen die Einweihungsbuddhas; es sind die 5 Dhyani-Buddhas. Jeder von ihnen repräsentiert je eine Buddhafamilie und ein Element (Akasha, Feuer, Luft, Wasser, Erde). Diese fünf Buddhas gießen Nektar aus Vasengefäßen über den Kopf unserer Vajrasattva-Visualisation.

• Sprechen Sie nun das Mantra:

OM SARVA TATAGATA ABHI KEKATA SAMAJA
SHRIJE HUNG

Der Nektar der Buddhas füllt den Körper des Vajrasattva vollkommen aus, und die Buddhas verschmelzen in der Form des Vajrasattva.

- Sprechen Sie nun:

OM BENZA SATVA SAPARIVARA
ARGHAM
PADJAM
PUSHPAM
DHUPAM
ALOKE
GAHNDE
NEVIDJA
SHAPTA
PRATITSA JE SOHA

- Sprechen Sie nun das 100 Silben-Mantra viele Male (am besten 108 mal). Dabei visualisieren Sie, daß um das Herzzentrum des Vajrasattva das Mantra kreist und Lichtstahlen in alle Richtungen aussendet.

Dieses Licht reinigt alle Verdunkelungen, Probleme und Schwierigkeiten aller Menschen und fühlenden Wesen. Das Licht fließt wieder zurück und sammelt sich in der Gestalt von Vajrasattva.

Aus dem rechten Zeh des Vajrasattva strömt nun Nektar (Ambrosia) aus, der durch das Mantra entstanden ist. Dieser fließt direkt in Ihren Scheitel und somit in Sie hinein. Ihr gesamter Körper und Ihre Aura werden nun von oben nach unten mit diesem Nektar aufgefüllt.

Alle Verunreinigungen, Krankheiten, negatives Karma und so weiter werden durch diesen Nektar gereinigt. Sie treten als dunkelgrauer Rauch aus ihren Hautporen, aus Ihren Fußsohlen, Ihrem Atem und den Ausscheidungen aus. Durch die Reinigung und den Sie auffüllenden Nektar werden Sie nun rein wie ein leuchtender Kristall.

- Das 100 Silben-Mantra, das Sie während des gesamten Reinigungsprozesses sprechen, lautet:

OM BENZA SATVA SAMAJA
MANU PALAJA
BENZA SATVA TENOPA
TISCHTA DRIDHO ME BHAVA
SUTO KHAJO ME BHAVA
SUPO KHAJO ME BHAVA
ANU RAKTO ME BHAVA
SARVA SIDDHI MEM PRAJATSA
SARVA KARMA SUTSA ME TSITTAM SCHIRJA
KURU HUNG
HAHA HAHA HO
BHAGAVAN SARVA TATAGATA
BENZA MA ME MUNTSA
BENZA BHAWA
MAHA SAMAJA SATWA AH

- Wiederholen Sie diese ausführliche Mahamudra-Praxis des Anuyoga-Tantra mindestens einmal im Monat, wobei das 100 Silben Mantra am besten täglich drei, sieben, neun oder 108 mal wiederholt werden sollte.

Anfangs fällt es Ihnen sicherlich schwer, die oben beschriebenen traditionellen Visualisierungen auszuführen. Falls dies so ist, können Sie die Übung einfacher gestalten, in dem Sie anstatt der Vorstellung Vajrasattvas und der anderen Erscheinungen eine Lichtsphäre visualisieren (Lichtkugel), die stellvertretend das gesamte Mandala (Vorstellungsbild) beinhaltet. Wenn Sie dies in ruhiger Überzeugung tun, kann die Wirkungsweise genauso effektiv und kraftvoll sein, wie die Ausübung der traditionellen Anweisungen.

Krankheit aus der Sichtweise des Karmas

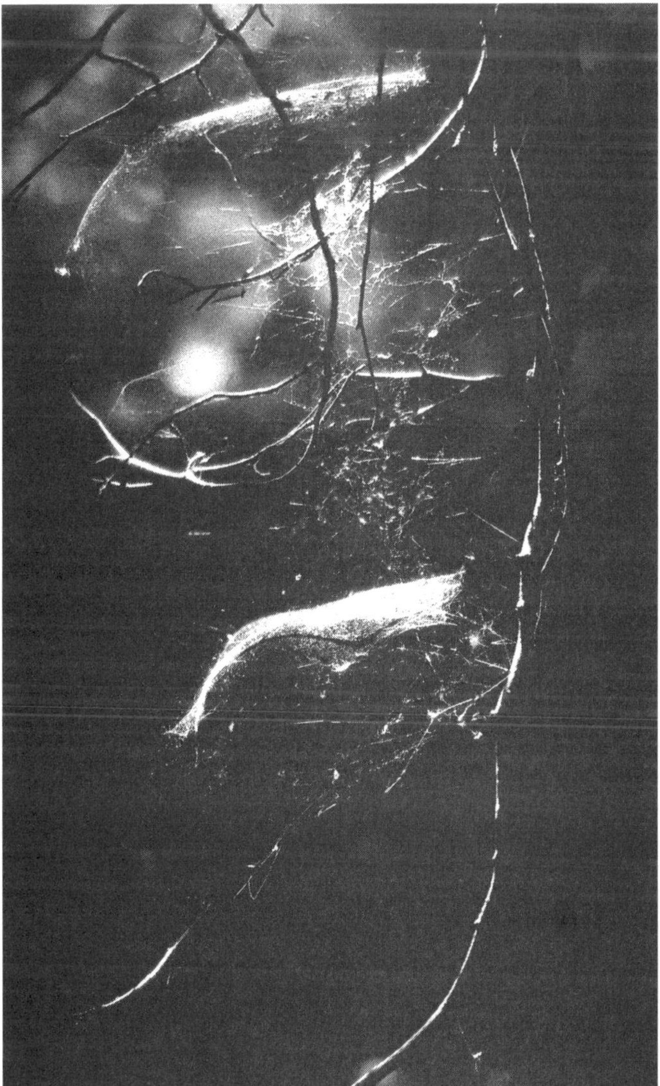

Die alten Weisen unterteilten alle möglichen Krankheiten in vier große Kategorien, wobei jede dieser vier nochmals in 111 große Untergruppen unterteilt wurde.

Die erste Gruppe von 111 Krankheiten entsteht durch negatives Karma aus vorherigen Inkarnationen; also durch in den vorherigen Leben begangenen, ungünstigen Handlungen, Gewohnheiten und Denkweisen.

Die zweite Gruppe von 111 Krankheiten entsteht durch negativen Einfluß – Provokation – von Wesenheiten, wie zum Beispiel den örtlichen Naturwesen, Asuras oder Dämonen.

Krankheiten der dritten Gruppe entstehen durch negative Handlungen im Laufe der jetzigen Inkarnation, die sich dann meist erst im Alter eines Menschen bemerkbar machen.

Die vierte Gruppe von 111 Krankheitskategorien entsteht durch falsche Ernährung, schlechten Umgang mit dem Körper durch beispielsweise übertriebenen Leistungssport oder, im umgekehrten Falle, etwa durch zu wenig Bewegung.

Von allen erdenklichen Krankheiten sind nur diejenigen der vierten Gruppe durch einen (westlichen) Arzt heilbar und gelten daher eher als leichtere Erkrankungen. Alle anderen Erkrankungen können nur von einem Priesterarzt, einem Schamanen oder Geistheiler kuriert werden, da ihre Ursachen nicht auf der körperlichen, sondern auf der rein geistigen Ebene zu finden sind.

Eine zweite Regel besagt, daß etwa ein Viertel aller Krankheiten von einem Arzt behandelt werden können, ein Viertel aller Krankheiten aber nur von einem spirituellen Heiler (wie Schamane, Priester und so weiter). Ein weiteres Viertel aller

Krankheiten heilt von selbst. Das letzte Viertel hingegen ist durch nichts kurierbar. Diese Krankheiten führen unweigerlich zum Tod, da das Gesetz von Ursache und Wirkung in solchen Fällen nichts anderes zuläßt.

In Tibet und den anderen Gebieten des Himalajas gehen die erkrankten Menschen zuerst zum Lama (Priester) oder zum Schamanen. Dort bitten sie um Linderung und Heilung. Dieser führt dann im Rahmen seiner Möglichkeiten eine Diagnose durch und beginnt, mittels spezieller Riten (wie das der Medizin-Buddha Praxis), die Krankheit zu heilen. Nur wenn der Schamane oder Lama nicht helfen kann, gehen die Menschen zum Schulmediziner, um sich medikamentös behandeln zu lassen. Diese Menschen wählen diesen Weg nicht aus Armut und Einfältigkeit heraus. Auch solche von hohem Stand und Rang teilen diese Weltanschauung und Verhaltensweise.

Der Medizin-Buddha

Auf Tibetisch heißt der Medizin-Buddha Sanggye Menla. Er ist der Schirmherr aller buddhistischen Ärzte, Yogis und Schamanen. Die später beschriebene Praxis des Medizin-Buddhas lehnt sich an den tibetischen Originaltext einer Sutra an. Die Mantra-Rezitationen sind sehr kraftvoll und fördern sowohl die Heilkraft eines spirituellen Heilers als auch die Selbstheilungskräfte kranker Menschen. Wer seine Heilkräfte oder Genesung auf ein enormes Potential steigern will, dem sei das oftmalige Wiederholen des folgenden, kurzen Mantras ans Herz gelegt:

TADJATA
OM BEKANDSE BEKANDSE
MAHA BEKANDSE BEKANDSE
RADSA SAMUNGATE SOHA.

Für Kranke gilt, daß das Mantra täglich von morgens bis abends ununterbrochen in den Gedanken kreisen sollte. Mindestens einmal täglich sollte es für 15 Minuten konzentriert mit der in der Praxis erklärten Vorstellung gesprochen oder geflüstert werden. Wer selbst spirituelle Heilungen durchführt und seine Methodik mit dem Medizin-Buddha erweitern möchte, muß auf erheblich längere Erfahrung mit der Meditationspraxis zurückgreifen können. Es empfiehlt sich eine 40-Tages-Praxis von mindestens einer Stunde täglicher intensiver Meditation. Wie in jeder authentischen tantrischen Meditationspraxis, wird sich auch in der hier beschriebenen Praxis ihre Verwirklichung in Träumen zeigen.

Übung: Die Medizin-Buddha Praxis

Visualisierung

Vor mir befindet sich ein Löwenthron, auf dem ein Lotus mit einer Sonnen- und Mondscheibe ruht.
Auf der Mondscheibe sitzt der Medizin-Buddha.
In seiner rechten Hand hält er die Heilpflanze und in seiner linken eine Bettlerschale, gefüllt mit Nektar (Ambrosia/Göttertrank).
Er ist umgeben von vielen Lamas und Gottheiten, vielen Buddhas und Boddhisattvas. Es sind so viele, wie es Staubkörner im Sonnenlicht gibt.
Von Stirn, Hals und Herz des Medizin-Buddhas strahlt Licht in alle Richtungen aus und lädt dabei alle Weisheitswesen ein, die dann mit dem Buddha verschmelzen. Um die Krankheiten aller fühlenden Wesen zu beseitigen, wird der Medizin-Buddha zur Verkörperung von Weisheit, Mitgefühl, Kraft und Aktivität.

Opferungs-Mantra an den Medizin-Buddha

OM SARVA TATAGATA SAPARI WARA
ARGHAM
PADJAM
PUSCHPAM
DUPAM
ALOKE
GHANDE
NEVIDJAM
SCHAPTA
PRATITSA
SOHA

Lobpreisung

Bhagavan, du bist der für alle Wesen gleichermaßen Gütige. Schon durch das Hören deines Namens werden alle Leiden in den niederen Bereichen* beseitigt.
Medizin-Buddha, Lehrer, der die Krankheiten der drei Gifte beseitigt, ich verbeuge mich vor dir, dem Licht des Vaidurya.
Ich bekenne die unheilsamen Handlungen, die ich seit anfangslosen Zeiten angehäuft habe und erfreue mich an allen tugendhaften Taten.
Lehrer, König der Heilkundigen, du besitzt die herrliche Vollendung, spontan das Wohl zu bewirken.
Mögen alle fühlenden Wesen, die durch Krankheit gequält werden, die Herrlichkeit von Freude, Glück und Gesundheit erleben.

Visualisierung zur Mantra-Wiederholung

Mit der oftmaligen Wiederholung des Mantra erwacht der Heilstrom des Medizinbuddhas und seines Gefolges.
Aus den Herzen seines Gefolges tritt grenzenloses Licht aus, das alle fühlenden Wesen erreicht, insbesondere jene, auf die man seine Aufmerksamkeit richtet und auf den Meditierenden selbst. Seit anfangsloser Zeit angesammeltes Karma und alle störenden Gefühle, Geister, Negativitäten und Verdunkelungen werden gereinigt. So gelingt es, in einem Augenblick die Erleuchtungs-Ebenen aller Buddhas und ihrer Söhne, der Bodhisattvas, zu verwirklichen*.

• Nun rezitieren sie das Hundertsilben-Mantra:

---

*hier sind alle Daseinsebenen gemeint, deren Wesenheiten ans Rad der Wiedergeburten gebunden sind. Es sind insbesondere die Ebene der Höllen, der Hungergeister und die Tierebene gemeint. Siehe Kapitel Karma, Tabelle Seite 26

TADJATA / GHUME / GHUME I MINI MIHI /
MATI MATI / SAPTA TATAGATA / SAMADHJA /
DHISCH TATE / A TE MATE PALE / PAPAM
SCHODHANI / SARVA PAPAM NASCHAJA /
MAMA BUDDHA / BUDDHOT TAME / UME
KUME / BUDDHA KSCHETRA /
PARI SCHODANI / DHAMENI DHAME / MERU
MERU / MERU SCHKARE /
SARVA AHKALA / MRITJU NAVA RENI / BUDDHE
SU BUDDHE /
BUDDHA DHISCH TITE NARA KSCHAN TUME /
SARVA DEVA / SAME ASAME / SAMANVA HARAN
TUME / SARVA DUDDHA BODHISATVA /
SCHAME SCHAME / PRASCHAMAN TUME /
SARVA ITJUPA / DRAVA BJA DHAJA / PURANI
PURANI / PURA JAME / SARVA AHSCHAJA /
BEDURJA PRATI BHASE /
SARVA PAPAM KSCHAJAM KARI SOHA.

Das kurze Medizin-Buddha Mantra

TADJATA
OM BEKANDSE BEKANDSE
MAHA BEKANDSE BEKANDSE
RADSA SAMUNGATE
SOHA
(mind. 108 mal wiederholen)

* Die im Buddhismus übliche Bezeichnung der Verwirklichung bedeutet Erleuchtung. Erleuchtet, also verwirklicht, ist eine Wesenheit, wenn sie sich von allen Konzepten losgelöst hat und den Zustand der »Ursprünglichkeit« erreicht hat. Intellektuell ist dieser Zustand nicht zu verstehen. Er kann nur selbst erfahren werden.

- Stellen Sie sich während der kurzen Mantra-Rezitation folgendes vor:
  Alle versammelten Wesen um den Buddha lösen sich in Licht auf und verschmelzen mit ihm. Von den drei Stellen von Körper, Rede und Geist (Stirn, Hals, Herzmitte) des Medizin-Buddha strahlt weißes (Stirn), rotes (Hals) und blaues (Herzmitte bzw. Brust) Weisheitslicht aus. Diese drei Lichtstrahlen verschmelzen mit Stirn, Hals und Herz und reinigen all meine Verschleierungen. Nun löst sich der Buddha in reines Regenbogenlicht auf und fließt über meinen Scheitel in meinen eigenen Körper, der das Buddha-Licht absorbiert.
  Ich vereine mich untrennbar mit der großen Verkörperung allen siegreichen Mitgefühls und aller siegreichen Weisheit.
  Ich ruhe im Zustand von Mahamudra – der Einheit von Leerheit und Form.
- Verbleiben Sie nun ruhend im natürlichen Zustand des Geistes.
- Hiernach sprechen Sie ein Wunsch- und Widmungsgebet.

Wunsch- und Widmungsgebet:

»Möge durch das Heilsame der Ausführung von Opferungen, Lobpreisungen, Rezitationen und Meditationen dieses Leben lang, glücklich und frei von Krankheiten sein.
Mögen wir zum Zeitpunkt des Todes das Angesicht der reinen Buddha-Länder sehen.
Mögen ich und alle fühlenden Wesen in Zukunft in der Mitte von Lotusblüten in den Buddha-Ländern wiedergeboren werden, und mögen wir, nachdem wir die zwei großen Ansammlungen (von gutem Karma) vollendet haben, den Zustand der höchsten Erleuchtung erlangen.«

Die Anwendung des Medizin-Buddhas an anderen

Wer sich selbst intensiv mit dem Medizin-Buddha auseinandergesetzt und das kurze Mantra oft wiederholt hat, kann dessen Heilkraft auch gezielt auf andere Menschen oder Tiere wirken lassen. Dabei folgen Sie der obigen Beschreibung zunächst bis zur Verschmelzung mit dem Buddha. Nachdem das Licht des Buddhas von Ihrem Scheitel absorbiert wurde, beginnen Sie, sich selbst als Buddha zu fühlen und wahrzunehmen. Ihre (eigene) Buddha-Manifestation dürfen Sie in keiner Sekunde anzweifeln. Wenn Sie soweit visualisieren und fühlen können, lassen Sie weißes Licht aus Ihrer Stirn und dem Klang Om, rotes Licht aus dem Hals mit dem Klang Ah und blaues Licht aus Ihrem Herzen mit dem Klang Hung strahlen. Das weiße Licht und Om stehen für die Ursprünglichkeit (Reinheit) des Körpers, das rote Licht mit dem Ah für die Ursprünglichkeit der Stimme beziehungsweise des Ausdrucks und das blaue Licht mit dem Hung schließlich symbolisiert die Ursprünglichkeit des Geistes. Diese drei Lichter durchdringen zuerst die entsprechenden drei Stellen des Menschen, den Sie behandeln oder für den Sie um Genesung bitten wollen. Lassen Sie nun die drei Lichter als ein Regenbogenspektrum die ganze Erscheinung, alle Ebenen des Kranken durchdringen. Lösen Sie dunkle Wolken von Krankheitsenergie, negative Wesenheiten, schlechte Gewohnheiten und anderes Übles aus dem Körper und lassen Sie es von dem Regenbogenlicht mühelos absorbieren. Bleiben Sie in dieser Vorstellung so lange, bis Sie in der Lage sind, den Kranken selbst als ein im Regenbogenlicht strahlenden Buddha sehen zu können. Haben Sie diesen Punkt erreicht, werden Sie von vollkommenem Frieden erfüllt sein. Nun können Sie Ihre Sitzung in Dankbarkeit beenden. Flüstern Sie während der gesamten Heilsitzung das kurze Medizin-Buddha Mantra.

Das Überwinden von Negativität

Für Frieden, Heilung, Transformation, Schutz
Meditation mit Padmasambhava

Padmasambhava, der Schutzpatron Tibets, lebte im 8. Jahrhundert nach Christus in Uddyana, einer Himalaja-Gegend des heutigen Pakistans und gilt als eine Emanation (Inkarnation) des Buddha Amitaba. Er war ein Meister-Yogi, der alle Siddhis (tibetisch: Meisterschaften) verwirklicht hat. Vom tibetischen König Detsen wurde Guru Rinpoche, wie ihn die Tibeter nennen, eingeladen, um in Tibet die buddhistischen Weisheiten zu lehren. Er integrierte die alte schamanische Bönpo Religion in das buddhistische Gedankengut und begründete die erste tibetisch-buddhistische Schule: den Ningma-Orden.

Padmasambhava steht stellvertretend für alle spirituellen Lehrer dieser Welt. So ist er auch Stellvertreter für den eigenen Inneren Lehrer und repräsentiert diesen in der eigenen Herzmitte. Guru-Yoga mit Padmasambhava bedeutet nicht, daß eine Wesenheit außerhalb seiner Selbst verehrt wird, sondern es wird der Weisheitslehrer des eigenen Geistes hervorgebracht und manifestiert.

Padhmasambhava, der Lotusgeborene, trägt viele Aspekte in sich. Er verkörpert den die Dämonen unterwerfenden Yogi genauso wie den Heiler und Arzt. Man könnte das Guru-Yoga mit Padmasambhava als mächtige Universalmethode verstehen – ähnlich wie im esoterischen Christentum – Christus. In fast allen tibetisch-buddhistischen Traditionen hat der Lotusgeborene Yogi eine zentrale Rolle. Sein Haupt-Mantra lautet:

OM AH HUNG BENZA GURU PEMA SIDDHI HUNG.

Dieses Mantra läßt sich in drei Abschnitte einteilen, wobei alle Silben eine äußere, eine innere und eine geheime Bedeutung haben.

- OM steht für den Körper und die Essenz aller äußeren Formen und Erscheinungen.
- AH steht für die Sprache, den Ausdruck und für die Essenz aller klangähnlichen Formen.
- HUNG (oder HUM) steht für den Geist und die Essenz aller Spiritualität. Klang und Bedeutung dieser Silben haben eine reinigende Wirkung auf den verschiedenen Ebenen: Körper, Rede und Geist – oder, wie wir im Westen sagen würden, Körper, Seele, Geist.

Auf der innersten Ebene reinigt OM den Weg zum grenzenlosen Mitgefühl, AH weist den Weg zur strahlenden Natur des Geistes und HUNG offenbart den Kern der (himmlischen) Wirklichkeit. Benza (sanskrit: Vajra) ist der Diamant, der für die uneingeschränkte Kraft der Weisheit steht, die niemals durch Unwissenheit vernichtet werden kann.

GURU ist der äußere und der innere Meister, voll von Mitgefühl und Weisheit.

PEMA (sanskrit: Padme) steht für die Erleuchtung und die erleuchtete Sprache und bedeutet Lotus. Der Lotus des Guru Rinpoche ist der Hinweis auf seine Buddhaschaft.

SIDDHI ist die wahre Vollkommenheit, Vollendung, Erfüllung und Verwirklichung. Unter Siddhi versteht man die Meisterschaft, auf physische Nahrung verzichten zu können, zu Heilen, Dämonen auszutreiben oder sich etwa an alle seine Vorleben zu erinnern.

HUNG (sanskrit HUM) repräsentiert den Geist der Weisheit aller Buddhas und bringt das Mantra zu seiner vollen Wirkung.

Das Hervorbringen des eigenen VAJRA GURU

Die nachfolgende Übung dient dazu, den eigenen VAJRA GURU hervorzubringen, nachdem alle Hindernisse, die der eigenen Verwirklichung im Wege stehen, aufgelöst wurden.

Wenn Sie sich auf Padmasambhava einstellen wollen, so machen Sie einmal täglich die unten beschriebene Übung und wiederholen Sie den restlichen Tag lang das Haupt-Mantra ständig in Ihren Gedanken. Wer dies ein paar Monate oder gar Jahre macht, dem wird es zur Gewohnheit. Ist dieser Zustand erreicht, gibt es nichts mehr, das Sie in irgendeiner Weise ernstlich bedrohen könnte. Ihr persönlicher Schutz gegen alles Negative, Schwarze Magie, Provokationen von Dämonen oder die Mißgunst anderer Mitmenschen steigert sich enorm, und man wird mit der Zeit unantastbar. Für alle Probleme finden sich rasche Lösungen, so daß sie auch zu meistern sind.

Das Sieben-Zeilen-Gebet an Padmasambhava

HUNG U GJÄN JÜL GJI NUB DSCHANG TSAM
An der nordwestlichen Grenze des Landes Uddiyana
PÄ MA GE SAR DONG PO LA
Wurdest du auf dem Pollenbett einer Lotusblüte geboren.
JA TSÄN TSCHOG GI NGO DRUB NJE
Du hast die wunderbaren, höchsten Verwirklichungen erlangt.
PÄ MA DSCHUNG NÄ SCHE SU DRAG
Du bist als der Lotusgeborene bekannt.
KOR DU KA DRO MANG PÖ KOR
Du bist von Dakinis, die dein Gefolge bilden, umgeben.
KJE KJI DSCHE SU DAG DRUB KJI
Ich folge dir in meiner Praxis nach.
DSCHIN GJI LAB TSCHIR SCHEG SU SOL

Bitte komm herbei, und gewähre deinen Segen!
GURU PEMA SIDDHI HUNG

- Wiederholen Sie dieses Gebet dreimal.

- Stellen Sie sich nun vor, daß Padmasambhava als etwa 15 cm große Lichtgestalt über Ihrem Scheitel schwebt. Aus seinem Herzzentrum fließt goldener Nektar, Ambrosia, der durch Ihre Fontanelle in Ihren eigenen Körper fließt. Von dort aus verbreitet er sich allmählich in Ihrem gesamten Körper und füllt Ihre gesamte Existenz aus. So, wie sich Ihr Körper mit diesem goldenen Honigelexier füllt, strömt grauer Nebel aus Ihren Fußsohlen heraus. Dieser Nebel stellt alle körperlichen und geistigen Verunreinigungen und Hindernisse dar, die mit dem Verlassen Ihres Körpers auch ihre Wirkung verlieren.

  Guru Padmasambhava, immer noch über Ihrem Scheitel schwebend, löst sich nun in Regenbogenlicht auf und verschmilzt mit Ihrem Körper.
  Nun nehmen Sie selbst die Form des Maha Guru an. Hier genügt es, wenn Sie versuchen, dies als Gefühl aufzubauen.

- Jetzt beginnen Sie, das Haupt-Mantra viele Male zu wiederholen. Stellen Sie sich dabei vor, wie alles um Sie herum von Weisheitslicht bestrahlt und durchdrungen wird.

- Wiederholen Sie das folgende Hauptmantra 100 oder 1000mal:

OM AH HUM, VAJRA GURU PADME SIDDHI HUM

(Diese Schreibweise ist sanskrit, wobei die Tibeter es wie

folgt aussprechen: OM AH HUNG, BENZA GURU PEMA SIDDHI HUNG. Für welche Aussprache Sie sich entscheiden wollen, liegt an Ihnen selbst – die Wirkung ist die gleiche.) In Anbetracht dessen, daß die übrigen Worte der tibetischen Aussprache entsprechen, bevorzugt der Autor die tibetische Aussprache bei allen Mantren.

- Beenden Sie Ihre Übung nun mit dem folgenden Gebet:

GE WA DI JI NJUR DU DAG
Möge ich, nachdem ich durch das Heilsame dieser Praxis
PÄ MA DSCHUNG NÄ DRUB GJUR NÄ
Schnell den Lostusgeborenen (in mir) verwirklicht habe,
DRO WA TSCHING KJANG MA LÜ PA
Alle Wesen ohne Ausnahme
DE JI SA LA GÖ PAR SCHOG
Auf diese Stufe führen.

Ati-Yoga, tibetisch Dzogchen, bedeutet Große Vollkommenheit. Es ist die Essenz nicht nur der tibetischen Weisheitslehren, sondern aller Lehren, frei von Sektierertum, philosophischer Ideologie und Religionszugehörigkeit. Der weise Garab Dorje war der erste Dzogchen-Meister unserer Zeitepoche. Er hinterließ sein Wissen in drei einzigen Versen, dem sogenannten Testament Garab Dorjes:

Entdecke Deinen Zustand direkt.
Verbleibe nicht in Zweifel.
Gewinne Vertrauen in die Selbstbefreiung.

Über die Bedeutung dieser so einfach anmutenden Worte wurden ganze Buchbände verfaßt. Viele essentielle Aussagen großer Erleuchteter finden ihren Widerhall in diesen drei Zeilen und den sich daraus abgeleiteten Weisheiten. So auch viele des Jesus Christus. So finden sich die grundlegenden Wurzeln des Buddhismus und des *ursprünglichen* Christentum im selben Weisheits- und Wissenstigel.

Eine Ati-Yoga Übung:

- Richten Sie ihren Rücken gerade, ganz gleich, wo Sie sich im Moment aufhalten.
- Stellen Sie sich vor, daß sich im Zentrum ihres Körpers eine dunkelblaue Röhre befindet, die von Scheitel bis Beckenboden verläuft. Dieser sogenannte Zentralkanal führt die absolute und unpersonifizierte Weisheitsenergie, die große Vollkommenheit.
- Versuchen Sie sich nun bewußt zu werden, daß dieser Zentralkanal das Zentrum Ihrer gesamten tatsächlichen Existenz ist.

- Dehnen Sie nun diesen Kanal aus, bis er die äußeren Begrenzungen ihres physischen Körpers überschritten hat.

Nach einiger Gewandtheit können Sie diese Ausdehnung IHRER SELBST bis hinaus ins Universum erweitern. Erleuchtung erführen Sie theoretisch dann, wenn Sie sich auch noch jenseits der Begrenzungen des Universums bewußtseinsmäßig ausdehnen könnten und dabei erkennen, daß nicht Sie ein Teil des Universums sind, sondern das Universum und die gesamte Schöpfung ein Teil in Ihnen ist.

In diesem Zustand war der Christos, als er sagte:

»Ich und der Vater sind Eins!«

Zeit ist relativ! Oder werden wir vom Streß gefressen?

Die Ankunftshalle des Frankfurter Flughafens überwältigte meine Sinne. Um mich herum hetzten die Menschen mit verbissenen Gesichtern von A nach B. Überall piepsten und summten Handys. Kaum ein freundliches Lächeln war zu entdecken. Betriebsame Hektik füllte die ganze Halle aus. Am Auskunftsschalter vermittelte mir die Dame ein Gefühl des Lästigseins. Mit knappen Worten kamen die gewünschten Informationen – kein Augenkontakt, kein zwischenmenschliches Gefühl, das sich hätte entwickeln können.

Die Augen der Servicekraft streiften die meinen höchstens und wanderten hernach sofort wieder zum Monitor. Für Herzlichkeit blieb keine Zeit, – und an ihr bestand auch offensichtlich kein Interesse. Nach sechswöchigem Aufenthalt in Asien stellte dies für mich einen gewaltigen Kulturschock dar, denn dort hatte ich mich schnell an die besondere Herzlichkeit der Menschen gewöhnt. Das Lächeln Fremder, und seien es nur Passanten, die auf der Straße den eigenen Weg kreuzen, hatten stets mein Herz erwärmt.

Besondere Gastfreundschaft und Anteilnahme sind es, die diese meist einfachen Menschen auszeichnen.

Das alles ist bei uns verloren gegangen. Für derlei ist in unserem eng gestrickten Zeitraster kein Platz mehr. Und doch kann jeder Einzelne von uns dazu beitragen, unsere Umgebung wieder lebenswerter zu gestalten. Lächeln Sie doch einfach einmal die fremden Menschen, an denen Sie vorbei gehen, freundlich an, und sehen Sie ihnen dabei in die Augen. Die meisten Menschen werden erst einmal irritiert sein. Freundlichkeit oder gar Herzlichkeit unter Fremden liefert bei uns heutzutage erschreckenderweise tatsächlich Anlaß zu Verunsicherung.

Lassen Sie sich dennoch nicht beirren. Ein freundliches Lächeln, ein nettes Wort und es wird eine positive Kettenreaktion entstehen. Der Empfänger Ihrer Zuwendung wird diese Freundlichkeit weiter tragen, und sei es »nur«, weil er vielleicht etwas weniger verbissen zur Arbeit geht. Nehmen Sie wieder Anteil am Wohlergehen anderer Menschen, und es wird Ihnen langfristig selbst zugute kommen. Probieren Sie es aus – es wirkt!

Um selbst wieder zur Ruhe zu kommen und Streßsituationen besser zu verkraften, können Sie die Reinigung des neunfachen Atems (vergleiche das Kapitel Neunfacher Atem) täglich im Anschluß an das folgende Mantra von Padmasambhava mindestens 108 mal rezitieren:

OM AH HUM VAJRA GURU PADME SIDDHI HUM

Die Magie der Engel

In diesem Kapitel setzen wir uns mit der Kraft der Engel auseinander. Die erste Frage, die es zu beantworten gilt, lautet daher folgerichtig: Was für Wesen sind es, die wir als Engel bezeichnen?

Die westlichen Mystiker erklären, daß sich aus dem Urgeist, beziehungsweise dem Urlicht (vergleichbar dem tibetischen Rigpa), welches an sich die Leerheit schlechthin ist, ein Urelement herausgebildet hat. Dieses Urelement ist »der Raum«. Er wird in der alten Sanskritsprache Akasha genannt. Die westlichen Mystiker des späten 19. Jahrhunderts übernahmen diesen Begriff und erweiterten ihn durch die Bezeichnung Akasha-Chronik. Dieser bezeichnet das sogenannte »Weltengedächtnis«, das allerdings mit dem Urstoff Akasha nicht zu verwechseln ist.

Nachdem sich der Urstoff Akasha aus der Leerheit des Geistes (Gott) herausgebildet hatte, formten sich wiederum aus dem Akasha die vier Elemente: Feuer, Luft, Wasser und Erde. Diese Urelemente wiederum wurden von den frühen Mystikern personifiziert und als Erzengel bezeichnet. Im übertragenen Sinne könnte man sagen, daß Gott (beziehungsweise der Geist) aus sich selbst heraus das Akasha – den Raum – geschaffen hat, und aus dem Raum die Erzengel. Ihre Namen sind:

- Erzengel Michael, Regent des Feuerelements,
- Erzengel Raphael, Regent des Luftelements,
- Erzengel Gabriel, Regent des Wasserelements
- Erzengel Uriel, Regent des Erdelements.

Diese vier Erzengel schufen nun alle weiteren Engelhierarchien und kontrollieren diese. Vereinfacht gesagt wäre diese Hierarchie einer einzigen großen, himmlischen Firma vergleichbar, die ihre einzelnen Spezialisten für alle möglichen Gebiete in bestimmten Abteilungen organisiert. Die einen regieren und lenken das Universum, die anderen wirken auf die Entwicklung der Menschen, Tiere und Pflanzen ein. Andere wiederum sind für den Magnetismus der Erde zuständig und leiten durch die magnetischen Felder des Mondes Ebbe und Flut ein.

Diese Engel sind keine Personen, so wie wir Menschen uns das im allgemeinen vorstellen. Es handelt sich vielmehr um körperlose Energien, die teilweise über sehr großes Bewußtsein und große Macht verfügen. Im Laufe der Jahrtausende der Menschheitsentwicklung nahmen die Menschen mit diesen Kräften Kontakt auf und gaben ihnen körperliche Gestalt. Die Gegenstände in ihren Händen, die Bekleidung und die Farben der Engel entsprechen ihrer jeweiligen Eigenschaft und Kraft. Vergleicht man die im Westen bekannten Engel beispielshalber mit den im tibetischen Buddhismus verehrten Schützern, so wird man durchaus deutliche Parallelen finden können. Es handelt sich teilweise tatsächlich um dieselben Wesenheiten, die durch den kulturellen Unterschied einfach andere Erscheinungsformen erhielten. Obwohl Engel, wie oben erwähnt, an sich körperlos sind, zeigen sie sich einem Hellsichtigen trotzdem in Gestalt eines Lichtmenschen oder Ähnlichem. Hierbei manifestieren sie sich jedem Einzelnen ganz so, wie sein Verstand Menschen ausgerichtet ist, um die Erscheinung verstandesmäßig interpretieren zu können.

Engel der Kabbalah

Unter den kabbalistischen Engel versteht man im allgemeinen die 72 Genien, welche für den jüdischen Kabbalisten den 72-buchstabigen Namen Gottes bilden. Die Genien werden nahezu in jeder magischen oder kabbalistischen Schrift erwähnt. In dem Buch »Die Hohe Kabbalah« von Bran O. Hodapp, wird ausführlich auf die Kabbalah, die Geheimlehre über das Schöpferwort, sowie die Genien und Gottesnamen eingegangen. Die sogenannten 72 Genien sind die Regenten der Mentalsphäre. Wir reden hier also über Engel, die jenseits der astralen Welt (sprich: der Gefühlswelt) über die Ebene der Gedanken hinaus bis hinunter in die materielle Welt wirken. Diese Engel sind mit sehr großer Macht und Kraft ausgestattet und helfen über das Gebet gerne jedem Menschen, der sich vertrauensvoll an sie wendet.

Einige der alten Kabbalisten ordneten die 72 Genien in sogenannte neun Himmlische Chöre: die Seraphim, die Cherubim, die Throne, die Herrschaften, die Mächte, die Tugenden, die Fürstentümer, die Erzengel und die Engel (vergleiche nebenstehende Tabelle: Die 72 Genien der Merkurzone).

Intelligenz	*Planet*	*Engels-hierarchie*	*Sefirah**	*Astrologischer Grad*
Vehuiah	Uranus	Serafim	Kether	0–5°
Jeliel	Saturn			6–10°
Sitael	Jupiter			11–15°
Elemiah	Mars			16–20°
Mahasiah	Sonne			21–25°
Lelahel	Venus			26–30°
Achaiah	Merkur			31–35°
Kahetel	Mond			36–40°
Haziel (Aziel)	Uranus	Cherubim	Chochmah	41–45°
Aladiah	Saturn			46–50°
Lauviah	Jupiter			51–55°
Hahaiah	Mars			56–60°
Jezalel	Sonne			61–65°
Mebahel	Venus			66–70°
Hariel	Merkur			71–75°
Hakamiah	Mond			76–80°
Lanoiah	Uranus	Throne	Binah	81–85°
Kaliel	Saturn			86–90°
Leuviah	Jupiter			91–95°
Pahaliah	Mars			96–100°

*Sefirah: Dieses Wort stammt aus der jüdischen Kabbala und bedeutet Schale (der Schöpfung). Jede der 10 Stationen des sogenannten kabbalistischen Lebensbaumes ist eine Sefira und steht jeweils für einen Bewußtseinszustand, der auch bestimmten Planeten zugeordnet wird. Ebenso ist der Lebensbaum eine grafische Darstellung des Universums – Mikro- und Makrokosmos – und der gesamten Weltenschöpfung an sich. Ausführliche Erklärungen finden Sie in dem Buch: Die Hohe Kabbalah, von Bran O. Hodapp.

Nelekael	Sonne			101–105°
Jeiaiel	Venus			106–110°
Melahel	Merkur			111–115°
Hahuiah	Mond			116-120°
Nith-Haiah	Uranus	Herrschaften	Chessed	121–125°
Haaiah	Saturn			126–130°
Jerathel	Jupiter			131–135°
Seeiah	Mars			136–140°
Reiiel	Sonne			141–145°
Omael	Venus			146–150°
Lekabel	Merkur			151–155°
Vasariah	Mond			156–160°
Jehuiah	Uranus	Mächte	Geburah	161–165°
Lehaiah	Saturn			166–170°
Kevakiah	Jupiter			171–175°
Menadel	Mars			176–180°
Aniel	Sonne			181–185°
Haamiah	Venus			186–190°
Rehael	Merkur			191–195°
Jeiazel	Mond			196–200°
Hahahel	Uranus	Tugenden	Tifereth	201–205°
Mikael	Saturn			206–210°
Veubiah	Jupiter			211–215°
Jelahiah	Mars			216–220°
Sealiah	Sonne			221–225°
Ariel	Venus			226–230°
Asaliah	Merkur			231–235°
Mihael	Mond			236–240°
Vehuel	Uranus	Fürsten-tümer	Netzach	241–245°
Daniel	Saturn			246–250°
Hahasiah	Jupiter			251–255°
Imamiah	Mars			256–260°
Nanael	Sonne			261–265°

Nithael	Venus			266–270°
Mebaiah	Merkur			271–275°
Poiel	Mond			276–280°
Nemamiah	Uranus	Erzengel	Hod	281–285°
Jeialel	Saturn			286–290°
Harahel	Jupiter			291–295°
Mizrael	Mars			296–300°
Umabel	Sonne			301–305°
Jah-Hel	Venus			306–310°
Amianuel	Merkur			311–215°
Mehiel	Mond			316–320°
Damabiah	Uranus	Engel	Jesod	321–325°
Manakel	Saturn			326–330°
Eiaiel	Jupiter			331–335°
Habuiah	Mars			336–340°
Rochel	Sonne			341–345°
Jabamiah	Venus			346–350°
Haiel	Merkur			351–355°
Mumiah	Mond			356–360°

Unser Leben wird immer hektischer und unruhiger. Inmitten dieses Chaos aber können wir uns eine Oase der Ruhe und des Friedens schaffen. Ein Platz, an dem wir wieder auftanken können und zu uns selbst finden. Was ist da naheliegender, als unsere Wohnung zu einem solchen Kraftplatz zu gestalten.

Alles ist Schwingung und Bewußtsein. Es gibt keine tote Materie. Und so nimmt auch das Mauerwerk Ihrer Wohnung, jedes Möbelstück, Schwingung auf und gibt Schwingung ab. Wir beeinflussen somit unsere Umgebung, und unsere Umgebung beeinflußt uns. Wird in einer Wohnung viel gestritten, wird diese destruktive Energie in den Räumen gespeichert. Man fühlt förmlich die dicke Luft, wenn man sich in solch einem Raum befindet. Sensible Menschen können sogar mit körperlichen Beschwerden wie Kopfschmerz oder Übelkeit reagieren. Wir können jedoch die Räume, in denen wir uns aufhalten, bewusst positiv energetisieren und somit uns selbst und allen, die diese Räume betreten, Gutes tun.

Vielleicht haben Sie ja schon die wohltuende Wirkung eines Raumes wahrgenommen? Vielleicht kennen Sie das Gefühl, einen Raum zu betreten und sich in eine Oase des Friedens versetzt zu fühlen. Möglicherweise wurde dieser Raum bewusst energetisiert; vielleicht aber leben hier auch »einfach« glückliche, ausgeglichene Menschen.

Es ist gar nicht schwierig, sich einen Ort der Kraft zu erschaffen. Zuerst einmal gilt es, einige grundlegende Dinge zu beachten:

Schönheit ist ein Grundbedürfnis des Menschen, auch wenn sie ganz individuell unterschiedlich empfunden wird. Eine liebevoll und schön eingerichtete Wohnung trägt wesentlich zum Wohlbefinden bei. Chaos und Schmutz ziehen automatisch niedere Astralwesen an, die sich hier besonders wohl fühlen. Falls Sie Einrichtungsgegenstände vom Flohmarkt oder Antiquitätenhändler kaufen, sollten Sie immer zuerst in die Energie des erworbenen Gegenstandes hineinfühlen. Denn die Schwingungen und Seelenqualität der Vorbesitzer sind zunächst noch immer mit diesem verbunden; die Gegenstände sind regelrecht damit imprägniert. Halten Sie die Hände an den Gegenstand, und schließen Sie die Augen. Wie fühlt es sich an? Falls Sie ein mulmiges Gefühl in der Magengrube haben, oder Ihre Hände unangenehm stechende Energien wahrnehmen, lassen Sie es lieber, auch wenn Ihnen der Gegenstand gefällt. Manche Dinge sind regelrechte Wohnstädten niederer Wesen, die auch durch intensives Reinigen nicht zuverlässig entfernt werden können. Generell sollten Sie sich angewöhnen, grundsätzlich alles, was Sie sich anschaffen, energetisch zu reinigen.

Maßnahmen beim Einzug in eine neue Wohnung

Streichen oder tapezieren Sie auf jeden Fall alles neu. Die Anstrichfarbe können Sie in gleicher Weise energetisieren, wie bei der Möbelpolitur beschrieben. Putzen Sie die ganze Wohnung feucht, Teppichböden ebenfalls. Geben Sie ins Putzwasser ätherisches Lavendelöl oder ätherisches Weihrauchöl und einen Spritzer Weihwasser. Räuchern Sie sämtliche Räume aus (vergleiche: Das Reinigen von Räumen), und lüften Sie anschließend gut durch. Versäumen Sie nicht, von einem seriösen Wünschelrutengänger den gesündesten Schlafplatz ermitteln zu lassen (Vermittlungsadresse am Ende des Buches).

Das Reinigen von Räumen

Räume, die mit negativen Schwingungen belastet sind, sollten Sie generell reinigen. Dies können zum Beispiel Orte sein, an denen zuvor ein Streit stattgefunden oder sich eine kranke Person aufgehalten hat oder Räume, an denen über negative Themen gesprochen wurde. Nach derartigen Vorkommnissen ist die drückende Stimmung stets auch noch im Nachhinein spürbar. Eine neue Wohnung sollte daher profilaktisch stets von den Schwingungen des Vorgängers gereinigt werden. Eine naheliegende Handlungsweise – denn schließlich würden Sie ja auch einen Putzlappen in die Hand nehmen, wenn Ihr Fußboden verschmutzt ist.

Energetisches Reinigen

Zum energetischen Reinigen benötigen Sie natürlich das geeignete Putzmittel – also zuerst einmal Räucherkohle oder ein Räuchersieb, Weihrauch und ein Räuchergefäß.

Räucherkohle ist in Tablettenform gepreßte Holzkohle, die sich besonders gut zum Verbrennen von Weihrauch, Sandelholzpulver, Kräutern und anderem eignet.

Da die Räucherkohle (auch Rauchfaßkohle genannt) beim Verbrennen große Hitze entwickelt, muß sie unbedingt in ein feuerfestes Räuchergefäß gelegt werden. Ideal sind Schwenkkessel, wie man sie aus der Kirche kennt. Diese können jedoch auch um einiges kleiner sein. Alternativ können Sie auch ein Stehgefäß nutzen, welches dann auf eine hitzebeständige Unterlage, etwa ein Holzbrettchen, gestellt wird und sich so ebenfalls transportieren läßt.

Das *Räuchersieb* ersetzt die Räucherkohle. Es wird anstelle einer Schale auf eine Duftlampe gelegt und von unten mit einem Teelicht erhitzt. Dies hat den Vorteil der einfachen, schnellen Handhabung und der Vermeidung des etwas strengen Geruchs der Räucherkohle. Falls jedoch (bei sehr starker energetischer Verunreinigung) eine starke Rauchentwicklung gewünscht wird, eignet sich wiederum die Räucherkohle besser.

Räucherharze und ihre Wirkungsbereiche

Weihrauch, auch Olibanum genannt, ist das Gummiharz, des hauptsächlich in Indien, Somalia, Südarabien und Ägypten wachsenden Weihrauchbaumes. Olibanum ist eines der beliebtesten und bekanntesten Räuchermittel weltweit. Die Heiligen Drei Könige brachten Jesus Gold, Myrrhe und Olibanum.

Olibanum wird hauptsächlich zum Reinigen und Weihen sowie zum Schutz verbrannt. Auch seine heilenden Eigenschaften sind bei vielen Völkern bekannt. In afrikanischen und arabischen Ländern wird er zu Heilzwecken wie Kaugummi gekaut.

Schon vor einigen Jahren hat der Tübinger Pharmakologe Professor Hermann Ammon mit naturwissenschaftlichen Methoden bewiesen, daß die Boswelliasäuren des Weihrauchs entzündungshemmend sind. Es gibt eine Reihe von entzündlichen Erkrankungen, die auf den Wirkungsmechanismus des Olibanum ansprechen können. So zum Beispiel die chronisch entzündliche Arthritis (Rheuma), das chronische Asthma, die entzündlichen Darmerkrankungen wie Morbus Crohn oder Colitis ulcerosa und die Schuppenflechte (Psoriasis).

Olibanum kann zu Meditationen und Ritualen alleine oder in Kombination mit anderen Harzen und Kräutern geräuchert werden, um eine heilige Schwingung zu erzeugen.

Kurz: Jeder sollte einen größeren Vorrat davon zu Hause haben.

Anderes Räucherwerk

Außer Weihrauch (Olibanum) gibt es noch eine große Vielfalt an anderen Harzen, Hölzern und Kräutern, die sich zum Räuchern eignen. Die bekanntesten sind:

Benzoe (Styrax benzoin)
Vorkommen: Indien, Brasilien
Ein durch Einschnitte in die Rinde des Styraxbaum gewonnenes Gummiharz.
Geruch: süßer, einhüllender, vanilleartiger Duft
Anwendungsgebiete: für Reinigungs-, Schutz- und Segnungszeremonien geeignet. Benzoe und Zimt, gemeinsam geräuchert, fördern den geschäftlichen Erfolg

Copaivabalsam (Copaviae balsamum)
Vorkommen: Brasilien, Venezuela, Kolumbien
Ein dickflüssiges Balsam, gewonnen aus den Harzkanälen des 10-20 m hohen Baumes.
Geruch: holzig
Anwendungsgebiete: desinfiziert die Atemwege, schleimlösend, wirkt anregend auf die Sexualorgane

Elemi (Canaricum luzonicum Gray)
Vorkommen: Philippinen, tropisches Asien, Brasilien, Mexiko
Es gibt eine Anzahl verschiedener ölhaltiger Harze, die unter diesem Namen zusammengefaßt sind und eine pastenartige Konsistenz haben.
Geruch: zitronig
Anwendungsgebiete: wirkt klärend auf unsere Energiekörper und Chakren, fördert neue Impulse und Hellsichtigkeit

Mastix (Pistacia lentiscus)
Vorkommen: südlicher Mittelmeerraum, Kanarische Inseln, Nordafrika
Ein luftgetrocknetes Harz des bis zu 5m hohen, immergrünen Mastixbaumes.
Geruch: angenehm frisch und würzig
Anwendungsgebiete: stärkt unsere geistigen Kräfte, verfeinert und klärt unsere Ausstrahlung, kann als zahnfleischstärkendes Kaugummi verwendet werden

Myrrhe (Commiphora Myrrha)
Vorkommen: Somalia, teilweise in Arabien
Aus den Sekretgängen der Rinde des kleinen Myrrhenstrauches tritt ein Milchsaft aus, der eingetrocknet dann geerntet wird. Das Aussehen dieser Harzkörner ist graubraun bis gelbbraun.
Geruch: würzig und scharf
Anwendungsgebiete: stark reinigende Wirkung, gibt Kraft, Optimismus und eine geerdete innere Ruhe; für Meditation, Schutz, Heilungs- und Segnungsrituale geeignet

Opoponax (Opoponax chironicum Koch)
Vorkommen: Nordostafrika, Somalia, Kenia
Geruch: ein etwas milderes Aroma als Myrrhe
Anwendungsgebiete: Leben im Hier und Jetzt; für Menschen, die in der Vergangenheit leben und nicht mit dem Fluß des Lebens gehen

Tolubalsam (Myroxylon balsamum)
Vorkommen: Kolumbien, Venezuela, Antillen
Das dunkelbraune bis rötlichbraune Balsam ist von fester Konsistenz und wird durch v-förmiges Einritzen der Rinde des Tolubaums gewonnen.
Geruch: weicher Vanillegeruch

Anwendungsgebiete: entspannend, lösend, öffnend, zugleich aufbauend und stärkend; hilft, alte seelische Wunden zu heilen

Olibanum (Boswelia carteri, Boswelia sacra)
Vorkommen: hauptsächlich Somalia, Südarabien, Ägypten, Indien
Das Harz wird gewonnen, indem man vorsichtig etwas Rinde vom Weihrauchstrauch löst und den ausfließenden Saft auffängt.
Geruch:. harzig
Anwendungsgebiete: verbreitet eine heilige Atmosphäre; bestes Mittel zur Weihe, Segnung, Reinigung und Schutz, Vermittler zwischen materieller und geistiger Welt, fördert Visionen, zur Meditation, entkrampfend bei Asthma, entzündungshemmend

Sandelholz (Santalum album, Amyris balsamifera)
Vorkommen: Santalum album ist das edelste Holz und kommt aus der ostindischen Provinz Mysore. Es muß über 30 Jahre alt sein und ist sehr teuer.
Der immergrüne Sandelholzbaum ist in ganz Südostasien, Jamaika, Australien, Hawaii und Venezuela zu finden.
Geruch: süßlich holziges Aroma
Anwendungsgebiete: regt schöpferische Kräfte an, stärkt die Phantasie, größere Zusammenhänge werden bewußt, euphorisierend, Balsam für die Seele

Styrax (Liquidamber orientalis)
Vorkommen: Syrien
Geruch: würzig weicher Duft, vanilleartig
Anwendungsgebiete: zur Entspannung, bei geistigen und emotionalen Verspannungen, harmonisierend bei Ärger und Reizbarkeit, stärkt das Selbstvertrauen

Terpentin (Pinus pineaster)
Vorkommen: Diese Kiefernart kommt in Europa, Nordamerika und Nordasien vor.
Geruch: holzig
Anwendungsgebiete: gehirnstärkend, fördert klares Denken und belebt den Geist

Zedernholz (Cedrus atlantica, C. libani, C. deodora)
Vorkommen: Kleinasien, Syrien
Geräuchert werden die Holzspäne des immergrünen Nadelbaums. Es handelt sich um eine ganz alte Räucherzutat, die in fast allen Kulturen gebräuchlich war.
Geruch: herb, holzig
Anwendungsgebiete: vertieft die Atmung, hilft dabei, Enge und Angst abzubauen, stabilisierend, ausgleichend, kräftigend und erwärmend

Zimt (Cinnamomum ceylanicum)
Vorkommen: Sri Lanka (Ceylon)
Geräuchert wird nur die Rinde.
Geruch: Der Duft erinnert an Weihnachten.
Anwendungsgebiete: vermittelt emotionale Wärme und Geborgenheit, löst seelische Verspannungen und Verhärtungen, hilfreich bei Verlustängsten

Die Räucherung

Haben Sie sich die Räucherutensilien gerichtet, entzünden Sie zunächst einmal die Räucherkohle.

Dies geschieht am besten, indem Sie die Kohle in eine Grillzange (es gibt auch spezielle Räucherzangen im Fachhandel) klemmen (nicht zu fest drücken, sonst bricht sie durch) und mit einem Feuerzeug an mehreren Stellen anzünden. Dann lassen Sie die Kohle in der Zange durchglühen, wobei sie mit ihrer Puste etwas nachhelfen können. Erst wenn die Kohle richtig glüht, legen Sie diese in Ihr Rauchgefäß. Nun geben Sie die Weihrauchkörner darauf. Diese schmelzen und entfalten ihren typischen Duft. Die Kohle bleibt lange heiß, so daß Sie mehrfach Harz nachlegen können.

Gebete zur Räucherung

Gehen Sie nun mit dem Räucherkessel durch Ihre Räume, und sprechen Sie dabei mehrmals eines der folgenden Gebete:

Christlich

- Wählen Sie den Psalm 23 (siehe Reinigung von Möbeln) oder den 1 Korinther 13. Dieses Gebet ist sehr gut geeignet, um die Atmosphäre nach einem Streit zu reinigen.
  Das Hohelied der Liebe

  Ich zeige euch jetzt noch einen anderen Weg, einen, der alles übersteigt: Wenn ich in den Sprachen der Menschen und Engel redete, hätte aber die Liebe nicht, wäre ich dröhnendes Erz oder eine lärmende Pauke.
  Und wenn ich prophetisch reden könnte und alle Geheimnisse wüßte und alle Erkenntnis hätte; wenn ich alle Glaubenskraft besäße und Berge damit versetzen könnte, hätte aber die Liebe nicht, wäre ich nichts.
  Und wenn ich meine ganze Habe verschenkte, und wenn ich meinen Leib dem Feuer übergäbe, hätte aber die Liebe nicht, nützte es mir nichts.
  Die Liebe ist langmütig, die Liebe ist gütig. Sie ereifert sich nicht, sie prahlt nicht, sie bläht sich nicht auf.

Sie handelt nicht ungehörig, sucht nicht ihren Vorteil, läßt sich nicht zum Zorn reizen, trägt das Böse nicht nach.
Sie freut sich nicht über das Unrecht, sondern freut sich an der Wahrheit. Sie erträgt alles, glaubt alles, hofft alles, hält allem stand. Die Liebe hört niemals auf. Prophetisches Reden hat ein Ende, Zungenrede verstummt, Erkenntnis vergeht.
Denn Stückwerk ist unser Erkennen, Stückwerk unser prophetisches Reden; wenn aber das Vollendete kommt, vergeht alles Stückwerk.
Als ich ein Kind war, redete ich wie ein Kind, dachte wie ein Kind und urteilte wie ein Kind.
Als ich erwachsen wurde, legte ich ab, was Kind an mir war.
Jetzt schauen wir in einen Spiegel und sehen nur rätselhafte Umrisse, dann aber schauen wir von Angesicht zu Angesicht.
Jetzt erkenne ich unvollkommen, dann aber werde ich durch und durch erkennen, so wie auch ich durch und durch erkannt worden bin.
Für jetzt bleiben Glaube, Hoffnung, Liebe, diese drei;
doch am größten unter ihnen ist die Liebe.

Buddhistisch

- Singen Sie das Hundert-Silben-Mantra (siehe Kapitel: Karma) des Vajrasattva mindestens zehnmal. Visualisieren Sie dabei, daß das regenbogenfarbene Licht, das sich im ganzen Raum ausdehnt, alle negativen Energien und Hindernisse absorbiert und auflöst.

Um Ihr Haus herum lassen Sie nun einen Feuerkranz entstehen, der sich im Uhrzeigersinn sehr schnell dreht. Der Feuerkranz ist das im Kreis geschriebene Mantra. Aus diesem Feuerkranz sprühen Lichtfunken in alle Richtungen, die die Reinigungswirkung noch verstärken und gleichzeitig die

Weisheitsenergie aller erleuchteten Wesen (Buddhas) aus dem Universum in den Raum sprühen. Wenn Sie die Grundsätze des Atiyoga (siehe Seite 57) verstanden haben, können Sie sich selbst als Vajrasattva visualisieren. Dabei kommt alles Licht aus Ihrem eigenen Herzen, das sich dann als Mantra-Feuerkreis um Sie herum bildend dreht und das Licht ins Universum zu allen erleuchteten Wesen ausdehnt. Hernach fließt es wieder zurück und manifestiert sich im Raum und im eigenen Herzen.

- Im Anschluß an das Räuchern sollten Sie die Wohnung unbedingt lüften, um die negativen Energien, die jetzt an den Rauch gebunden sind, hinauszulassen.

Ritual zur Reinigung eines Raumes

- Beginnen Sie im Osten: »Ich,................. (eigener Name), rufe den Erzengel Raphael. Hüter des Ostens, sei gegrüßt. Dir zu Ehren entzünde ich dieses Licht (Entzünden Sie ein Teelicht in der Himmelsrichtung Osten). Ich bitte dich um deinen Schutz und Segen für diesen Ort. Mögen dein Segen, dein Frieden und deine Heilkräfte sich auf alle ergießen, die diesen Ort betreten, jetzt und in Zukunft.«

- Drehen Sie sich nun nach Süden: »Ich,................. (eigener Name), rufe den Erzengel Michael. Hüter des Südens, sei gegrüßt. Dir zu Ehren entzünde ich dieses Licht (Entzünden Sie erneut ein Teelicht und stellen es in den Süden). Ich bitte dich um deinen Schutz und Segen für diesen Ort. Mögen sich dein Segen, deine Liebe und dein Mut über all diejenigen ergießen, die diesen Ort betreten, jetzt und in Zukunft.«

- Nun wenden Sie sich gen Westen: »Ich,.................... (eigener Name), rufe den Erzengel Gabriel. Hüter des Westens, sei gegrüßt. Dir zu Ehren entzünde ich dieses Licht (Entzünden Sie nun ein Teelicht im Westen). Mögen sich dein Segen, deine geistigen Stärken und das Verstehen auf alle ergießen, die diesen Ort betreten, jetzt und in Zukunft.«

- Nun sprechen Sie gen Norden: »Ich, ... (eigener Name), rufe den Erzengel Uriel. Hüter des Nordens, sei gegrüßt. Dir zu Ehren entzünde ich dieses Licht (Entzünden Sie ein Teelicht im Norden). Mögen sich dein Segen, deine heilenden Träume und Visionen, Ruhe und Beständigkeit über all jene ergießen, die diesen Ort betreten, jetzt und in Zukunft.«

- Abschließend wenden Sie sich an die Engel mit den Worten: »Ich bitte euch, Hüter der Elemente, Erzengel des Lichts, segnet alle, die diesen Ort jemals betreten haben, und segnet mich, der nun an diesem Ort verweilt. Der Wille des Vaters geschehe, denn dein ist das Reich und die Kraft und die Herrlichkeit, in Ewigkeit. Amen.«
- Beenden Sie den Segen nach ein paar Minuten der Ruhe und Dankbarkeit.

Reinigen von Möbeln

- Besorgen Sie sich aus dem Naturkosthandel oder Biobaustoffmarkt ein Möbelpflegeprodukt mit Orangenterpenen

- Lassen Sie sich beraten, welche Öle oder Emulsionen für Ihre Möbel geeignet sind. Riechen Sie an den Produkten; der Geruch sollte auch für Ihr Empfinden angenehm sein. Energetisieren Sie nun Ihre Möbelpolitur.

Christlich

- Halten Sie nun die Hände über das Möbelpflegeprodukt, und sprechen Sie neunmal den Psalm 23 in das Möbelpflegeprodukt. :

Der Herr ist mein Hirte
Nichts wird mir fehlen
Er läßt mich lagern auf grünen Auen und führt mich zum Ruheplatz am Wasser, er stillt mein Verlangen
Er leitet mich auf rechten Pfaden, treu seinem Namen
Muß ich auch wandern in finsterer Schlucht, ich fürchte kein Unheil denn du bist bei mir
Dein Stock und dein Stab geben mir Zuversicht, du deckst mir den Tisch vor den Augen meiner Feinde, du salbst mein Haupt mit Öl, du füllst mir reichlich den Becher, lauter Güte und Huld werden mir folgen mein Leben lang
Und im Hause des Herrn darf ich wohnen für lange Zeit.

Buddhistisch – Das Vajrasattva Mantra

- Visualisieren Sie das Mantra 108mal in die Politur hinein, und seien Sie sich der Absicht der Reinigung und Energetisierung stets bewußt.

- Einmal pro Monat sollten Sie sämtliche Möbel in Ihrer Wohnung mit dieser besonderen, energetisierten Möbelpolitur behandeln.

Das Reinigen von Schmuck

In altem, getragenen Schmuck haben sich mit den Jahren etliche Emotionen angesammelt. Legen Sie Ihren »neuen alten« Schmuck von Vollmond bis Neumond in trockenes Speisesalz (bei empfindlichem Schmuck fragen Sie vorher einen Juwelier um Rat). Salz hat die Eigenschaft, Negatives an sich zu binden. Werfen Sie das Salz nach abgeschlossener Reinigung weg.

Das Reinigen von Second-Hand Kleidern und das Energetisieren von Kleiderschränken

Gebrauchte Kleidung ist vom Vorbesitzer geradezu imprägniert und sollte auf alle Fälle gereinigt werden.

Zuerst sollten Sie die Kleidung mit Weihrauch kräftig einräuchern und sie danach an die frische Luft hängen. Im Anschluß daran waschen Sie das Kleidungsstück noch einmal – auch dann, wenn es Ihnen als chemisch gereinigt verkauft wurde.

Legen Sie generell Duftsäckchen zwischen Ihre Wäsche. Zu Großmutters Zeiten wurden Lavendelblüten in die Wäscheschränke gelegt. Dies vertrieb nicht nur die Motten, sondern auch schlechte Schwingungen. Lavendelblüten können mit duftenden Rosenblättern gemischt werden (die wilde Rose, sprich: Hagebutte, ist sehr wohlriechend). Auch Seifenstücke können zwischen die Kleidung gelegt werden. Hier empfiehlt es sich, auf Naturseifen mit echten, ätherischen Ölen zurückzugreifen. Mit ätherischen Ölen getränkte Taschentücher erfüllen den gleichen Zweck. In Kinderschränken eignen sich besonders Lavendel-, Mandarinen- und Orangenöl zur Energetisierung. Diese leicht flüchtigen Öle müssen allerdings oft erneuert werden. Männer schätzen hier eher herbere Düfte wie Zedern- und Sandelholz.

Es ist empfehlenswert, in der eigenen Wohnung einen Altar einzurichten. Durch das wiederholte Beten, Meditieren und Zelebrieren von Ritualen wird dieser Ort zu Ihrem persönlichen Kraftplatz.

Ein Altar muß nicht groß sein. Falls Sie nicht viel Platz zur Verfügung haben, ist auch ein kleines Regal an der Wand völlig ausreichend. Der eine oder andere wird auch schon mal einen sogenannten »Herrgottswinkel« gesehen haben, wie er in alten traditionellen Schwarzwaldhöfen zu finden ist. Sie können Ihren Altar ganz unauffällig richten: mit einem frischen Strauß Blumen, Kerzen und Steinen, oder mit Gegenständen, die für Sie eine spirituelle Bedeutung haben. Es ist auch möglich – und überdies stimmungsvoll –, ihn farblich nach den Jahreszeiten zu verändern. An Ostern können Sie Eier in einem Körbchen dazu stellen, an Erntedank ist etwa eine Schale mit Obst und Gemüse passend, im Herbst hingegen sind es buntes Laub und im Winter Tannenzweige. Diese Vorschläge können Sie natürlich Ihren eigen Vorlieben entsprechend beliebig variieren und erweitern.

Ein magisch ausgerichteter Altar kann folgendermaßen aussehen:

- In jede der vier Himmelsrichtungen wird das dazu passende Symbol gelegt.
- Im Norden ruht das Pentakel, zum Beispiel ein flacher Stein mit einem mit der Spitze nach oben gezeichneten Pentagramm (Fünfstern); das Symbol für Erde (Materie). Auch möglich ist eine Münze.
- Im Süden plazieren Sie einen Stab, etwa aus einem Ast einer Erle, Eiche oder Esche gefertigt (eventuell mit Symbolen verziert); das Symbol für Feuer.
- Im Westen steht der Kelch, beispielsweise ein schönes Weinglas; das Symbol für Wasser.

- Im Osten schließlich findet sich das Schwert. Falls Sie sich kein richtiges Schwert zulegen wollen können sie einen Brieföffner als Ersatz verwenden. Dies ist das Symbol für Luft.
- In jede der vier Himmelsrichtungen stellen Sie nun eine Kerze oder Teelicht.

Weitere Möglichkeiten zum Erhöhen der Schwingung

Blumen

Stellen Sie in der Wohnung immer frische Blumen auf.

Frische Luft

Lüften Sie jeden Morgen gut durch, indem Sie für ein paar Minuten alle Fenster und Türen öffnen (auch oder gerade im Winter).

Öle

Lassen Sie täglich eine Duftlampe mit ätherischen Ölen brennen.

Musik

Harmonische Musik (kein Radiosender), die dezent im Hintergrund läuft, verbreitet einen melodischen Klangteppich. Geeignet sind Harfentöne, Klangschalenmusik, gregorianische Gesänge, jede Musik, die auch zu Meditationszwecken verwendet werden kann (New Age Musik) oder klassische Musik. Nervöse Menschen, besonders auch zappelige Kinder, werden ruhig, und auch kranke Menschen können durch harmonische Musik schneller gesund werden.

Spirituelle Gegenstände
Dekorativ plazierte, spirituelle Gegenstände, wie eine Buddhastatue, eine Marien- oder Engelsfigur oder ein Jesusbild können zu einem Brennpunkt geistiger Kräfte werden.

Kerzen
Entzünden Sie täglich Kerzen in Ihrer Wohnung. Gewöhnen Sie sich an, die Kerze auf dem Eßzimmertisch bei jeder Mahlzeit anzuzünden. Lassen Sie eine Kerze auf dem Altar brennen. Auch am Fenster, am Abend, wenn es schon dunkel ist, werden durch den Kerzenschein positive Energien eingeladen. Kerzen sind Symbole des Lichts und der Reinheit. Sie spielen in vielen Lebenssituationen eine wichtige Rolle. Die erste wichtige Kerze bei vielen Menschen ist die Taufkerze. Sie symbolisiert die reine Verbindung des Kindes zur göttlichen Vorsehung und erleuchtet den Lebensweg, den der neue Erdenbürger gehen wird. Ein magisches Ritual, dessen sich kaum jemand bewußt ist, stellt das Ausblasen der Kerzen auf der Geburtstagstorte dar. Denn während des Ausblasens wünscht sich das Geburtstagskind etwas. Durch die starke, zielgerichtete Konzentration beim Ausblasen der Kerzen, meist mit geschlossenen Augen, wird die Erfüllung des Wunsches gefördert. Auf den Gräbern weisen die »ewigen« Lichter den Verstorbenen den Weg zum göttlichen Licht. Kerzen auf dem Essenstisch erzeugen eine festliche Atmosphäre. Die Lichter am Adventskranz symbolisieren die vier Elemente, die sich manifestieren müssen, damit das Christusbewußtsein an Weihnachten auf der Erde einfließen kann. Der festlich geschmückte und mit Kerzen bestückte, immergrüne Tannenbaum steht für ewiges Leben und somit auch mit dem kabbalistischen Lebensbaum in Verbindung. An Weihnachten wird das Licht geboren und siegt über die Dunkelheit. Ein Altar ohne Kerzen wäre unvollkommen. Nicht zuletzt spielen Kerzen bei magischen Ritualen eine wichtige Rolle. In ei-

nem spirituell ausgerichteten Haus sollte keine ungesegnete Kerze zum Einsatz kommen. Gewöhnen Sie sich an, jede Kerze vor dem Entzünden zu segnen. Die positiv veränderte Strahlkraft einer so behandelten Kerze ist für den Aurasichtigen deutlich wahrzunehmen. Viele Menschen scheuen sich davor, eine solche Handlung (Segnung, Weihe) selbst durchzuführen, da sie annehmen, die Berechtigung hierzu hätte nur der Pfarrer. Jeder Mensch trägt jedoch den göttlichen Funken in sich, ist selbst ein göttliches Wesen. Ist er sich dessen in tiefer Demut bewußt, kann er den göttlichen Segen sprechen, der immer wirkt.

> *Wahrlich, wahrlich ich sage euch: Wer an mich glaubt, der wird die Werke tun, die ich tue, und wird größere als diese tun, denn ich gehe zum Vater.*
>
> (JOHANNES 14,12)

Dies ist eine Aufforderung an den Menschen, sich seiner göttlichen Herkunft zu erinnern.

Die Segnung einer Kerze

- Möchten Sie Ihre Kerze segnen, könnten Sie wie folgt vorgehen:

- Nehmen Sie die Kerze zwischen beide Hände, und sprechen sie:

Ich entzünde dieses Licht
Zum Zeichen meiner Verbundenheit
Mit der göttlichen Vorsehung
Möge es die Mächte des Lichts
Bei der Erleuchtung der Dunkelheit
Unterstützen
Der göttliche Wille geschehe
So sei es

Christliche Segnung

Ich segne dich
Im Namen des Vaters
Des Sohnes
Und des Heiligen Geistes
Amen

- Alternativ können Sie die Segensformel auch auf Latein sprechen:

IN NOMINE PATRIS ET FILII ET SPIRITUS SANCTI.
AMEN

• Geeignet zur Segnung ist auch Psalm 27,1:

Der Herr ist mein Licht und mein Heil.

Buddhistisch:

• Wiederholen Sie mehrere Male folgendes Mantra:

OM AH HUM

OM verbinden Sie mit der Vorstellung von weißem Licht
AH verbinden Sie mit der Vorstellung des roten Lichts
HUM verbinden Sie mit der Vorstellung des blauen Lichts

Urlaubsmitbringsel

Ein Tip zum Schluß: Seien Sie vorsichtig mit Urlaubsmitbringseln wie zum Beispiel Masken oder andere Ritualgegenstände aus Afrika oder Asien. Sie sind oft magisch aufgeladen, und wenn Sie sich mit diesen Kräften nicht auskennen und sie nicht identifizieren können, holen Sie sich mitunter üble Energien ins Haus.

Der Arbeitsplatz als Kraftplatz

Falls Ihr Arbeitsplatz ein Schreibtisch sein sollte, ist es sehr einfach, ihn zu einem persönlichen Kraftplatz zu machen. Stellen Sie sich immer frische Blumen auf den Schreibtisch, vielleicht einen Bergkristall dazu und ein Teelicht. Ein Foto Ihres Hausaltars verbindet Sie energetisch mit Ihrem Kraftplatz zu Hause.

Arbeiten Sie am Computer? Wie wäre es mit einem neuen Bildschirmschoner? Vielleicht der heimatliche Altar? Oder wählen Sie, wenn der Altar gar zu auffällig für die Kollegen sein sollte, ein Naturfoto, aus dem Sie Kraft schöpfen können. Mittlerweile gibt es auch Mousepads, die mit eigenen Bildern versehen werden können. Bei einem eigenen Betrieb verfahren Sie wie zu Hause in der Wohnung und errichten Sie auch dort Ihren Altar. Findet sich direkt am Arbeitplatz keine Möglichkeit, so hängen Sie sich doch ein Foto Ihres Hausaltars in Ihren Spint, und verweilen Sie dort vor Arbeitsbeginn und in der Pause einige Minuten und verbinden sich geistig, um wieder Kraft zu schöpfen. Bestücken Sie Ihren Schlüsselanhänger, oder legen Sie sich Ihr Altarfoto in die Brieftasche oder den Geldbeutel. Wenn gar nichts geht, setzen Sie sich für einen Augenblick still hin, schließen die Augen und visualisieren sich selbst an Ihren Kraftplatz. Stellen Sie sich vor, wie mit jedem Atemzug jede Ihrer Körperzellen neue Energie tankt.

Das Auto als Kraftplatz

Natürlich können Sie auch Ihr Auto energetisieren. Auch hier wirkt ein guter Duft Wunder. Allerdings sollten nicht jene synthetischen »Wunderbäume« aus Tankstellen gewählt werden. Träufeln Sie lieber ätherische Öle auf einen Duftträger auf. In Asien ist es Brauch, das ganze Auto mit religiösen Artefakten auszustatten. Dies wird Ihnen wahrscheinlich zu auffällig sein. Aber keine Angst: Es geht auch dezent. Mit »Windows-Color« (erhältlich im Bastelgeschäft) können Sie Symbole auf Folie aufmalen und diese dann an Ihre Windschutzscheibe kleben. Für den Selbstkostenpreis von zwei beigelegten (nicht aufgeklebten) 0,55 • Briefmarken, erhalten Sie bei Wunsch auch das Symbol der Mysterienschule der Verfasser, das energetisierte Alrunia–Symbol, für die Autoscheibe.

NACH ALTEM RITUS
GESEGNET.

Partnerschaft

Partnerschaft gibt es zwischen Kindern, guten Freunden, Familienmitgliedern und Arbeitskollegen. Bei dem Wort Partnerschaft denken wir in erster Linie an Ehe und Liebesbeziehungen. Diese sind in der Regel unsere wichtigsten Partnerschaften im Leben, die uns am meisten prägen und beschäftigen. Eine gemeinsame Beziehung zu leben, ist für viele Menschen schwer, sobald die erste Zeit der Verliebtheit verstrichen ist. Findet man zu Beginn noch alles »toll und begehrenswert«, so schleichen sich mit der Zeit Unzufriedenheit über unerfüllte Erwartungen, Enttäuschung und Frust ein. Trennung ist dann für viele die vermeintliche Lösung. Es wäre jedoch eine Illusion, zu glauben, in der nächsten Beziehung sei alles anders. Solange die »Knackpunkte« nicht aufgearbeitet sind, wird jede neue Partnerschaft nach der ersten Euphorie ähnliche Reibungspunkte wie die vorige haben. Werden Sie sich darüber klar, daß Sie immer den Partner vorgesetzt bekommen, der Ihnen Ihre eigenen Schatten bewußt macht. Und wenn Sie jetzt sagen: »Aber bei meinem Partner ist das ganz anders, das sind nicht meine Schatten, die er mir spiegelt, das hat mit mir nichts zu tun!«, dann ist Ihre Aufgabe sehr wahrscheinlich das Erlernen von Toleranz, Achtung und Wertschätzung. Es gibt keinen Menschen, der nicht auch positive, liebenswerte Seiten hat – die Seiten nämlich, die Sie zu Beginn so an ihm geliebt haben. Erinnern Sie sich!

Die folgenden Übungen können bei jeder Art von Partnerschaft angewandt werden, da sie in erster Linie der eigenen Entwicklung dienen:

Übung: Mein Partner hat nicht nur negative Eigenschaften

Versuchen Sie, Ihren Partner wieder mit anderen Augen zu sehen. Schließlich haben Sie sich ja einmal füreinander entschieden, weil Sie bestimmte Eigenschaften des Partners besonders mochten.

Erinnern Sie sich an diese Eigenschaften. Was gefällt Ihnen an Ihrem Partner? Vielleicht sind es seine strahlenden Augen, seine Zuverlässigkeit oder seine Spontaneität? Nehmen Sie ein Blatt Papier und schreiben sie alle positiven Eigenschaften ihres Partners auf, die Ihnen einfallen. Geben Sie sich Mühe, Sie finden bestimmt welche!

Wenn Ihr Partner dazu bereit ist, können Sie diese Übung gemeinsam machen. Dann schreibt jeder eine Liste der positiven Eigenschaften des anderen. Zum Schluß können sie die Listen einander vorlesen. Sie werden erstaunt sein, wie wohltuend dies ist.

Falls Sie diese Übung alleine durchführen, lesen Sie die Liste selbst immer wieder durch. Tragen Sie den Zettel bei sich, und führen Sie ihn sich immer wieder vor Augen.

Neue Kraft für alte Beziehungen

Wie kann man aber nun eine alte, sich in Alltagseinerlei verlierende Beziehung wieder lebendig werden lassen? Überlegen Sie, welche gemeinsamen Interessen Sie haben oder zu Beginn Ihrer Partnerschaft hatten. Vereinbaren Sie einen gemeinsamen Tag pro Woche, an dem Sie romantisch essen gehen, einen Film im Kino anschauen, das Theater oder Konzert besuchen, tanzen oder einen Vortrag anhören, über den Sie im Anschluß bei einem Glas Wein diskutieren können. Verbannen Sie den Fernseher! Er ist der größte »Blockierer«

was gemeinsame Gespräche und gemütliche Abende betrifft.

Oder: Kochen Sie doch einmal gemeinsam; diese Erfahrung kann sehr schön sein. Beginnen Sie mit einer gemeinsamen Planung eines ganz besonderen Gerichts. Schmökern Sie die Kochbücher durch, kaufen Sie die Zutaten gemeinsam ein, schnippeln und rühren Sie zusammen in den Töpfen, und genießen Sie Ihre gemeinsame Kreation bei romantischem Kerzenschein. Wenn es Ihnen schwerfällt, den Abend ohne Fernseher im Gespräch miteinander zu verbringen, dann lesen Sie doch wieder einmal. Zusammen auf der Couch, bei guter Musik, ein paar Häppchen zu essen, liest es sich wunderbar. Oder sind Sie eine Spielernatur? Kramen Sie doch die alten Gesellschaftsspiele aus dem Schrank, und veranstalten Sie einen Spielabend. Suchen Sie nach gemeinsamen Interessen, und pflegen Sie diese regelmäßig. Diese Aktivitäten muß man wieder üben, wenn sie lange vernachlässigt wurden.

Energetische Rituale

Auf energetischer Ebene können Sie Beziehungsarbeit folgendermaßen unterstützen und fördern:

Christlich

- Beten Sie täglich viele Male über den Tag verteilt das Salve Regina, einen Lobgesang aus dem Mittelalter zur Marienverehrung. Mit diesem Choral harmonisieren Sie Ihre Gefühlsebene, insbesondere das Herzchakra. Sie werden Toleranz und Mitgefühl entwickeln. Wir empfehlen die lateinische Gebetsform, da sie durch ihren häufigen Gebrauch seit dem Mittelalter sehr kraftvoll ist.

SALVE REGINA MATER MISERICORDIA
Sei gegrüßt o Königin, Mutter der Barmherzigkeit
VITA DULCEDO ET SPES NOSTRA SALVE
Unser Leben, unsere Wonne und unsere Hoffnung, sei gegrüßt
AD TE CLAMAMUS EXSULES FILII HEVAE
Zu dir rufen wir, verbannte Kinder Evas
AD TE SUSPIRAMUS GEMENTES ET FLENTES
Zu dir seufzen wir trauernd und weinend
IN HAC LACRIMARUM VALLE
In diesem Tal der Tränen
EIA ERGO ADVOCATA NOSTRA
Wohlan denn, unsere Fürsprecherin
ILLOS TUOS MISERICORDES OCULOS AD NOS CONVERTE
Wende deine barmherzigen Augen uns zu
ET IESUM BENEDICTUM FRUCTUM VENTRIS TUI
Und nach diesem Elend zeige uns Jesus
NOBIS POST HOC EXSILIUM OSTENDE
Die gebenedeite Frucht deines Leibes
O CLEMENS O PIA O DULCIS VIRGO MARIA
O gütige, o milde, o süße Jungfrau Maria

Buddhistisch

- Sprechen Sie täglich 108mal das Mantra zur Erweckung von Mitgefühl (Bodhichitta) und Vertrauen. Sie verbinden sich mit dem Buddha Amitabha, dem Buddha des grenzenlosen Lichts. Lassen Sie die Worte möglichst oft über den Tag verteilt in Ihrem Kopf kreisen.

OM AMI DEVA SHRI

Um eine bestehende Beziehung wieder zu harmonisieren, können Sie den Engel ADON um Hilfe und Unterstützung bitten.

Schreiben Sie seinen Namen und sein Siegelzeichen in roter Farbe auf eine weiße Kerze, zu der Sie ein gemeinsames Foto von sich und Ihrem Partner stellen. Entzünden Sie die Kerze jeden Tag, und bitten Sie Adon um Begleitung, Unterstützung aber auch Belehrung.

Venusritual

Damit Liebe ins eigene Leben fließen kann, müssen die Herzenstüren geöffnet werden. Je mehr Liebe man in sich selbst trägt, desto mehr Liebe kann auch von Außen kommen. Die Planetenschwingung der Venus hilft dabei, die eigene Lebensfreude, Liebesenergie und Liebesfähigkeit zu stärken. Sie verleiht Anmut und Liebenswürdigkeit. Man wird so selbst zu einem Magneten des Glücks. Hierbei hilft das Ritual der Venus.

Das Metall der Venus ist Kupfer. Deshalb ist kein anderes Metall während des Rituals zulässig. Bitte achten Sie in diesem Kontext auch auf Ihren Schmuck (Kettchen, Fingerringe, Ohrringe, Piercing), den Sie am Körper tragen.

Das Venusritual kann gemeinsam als Paar, aber auch allein als Single durchgeführt werden. Ihre Motivation für das Ritual muß frei von Manipulations- und Besitzdenken sein, da sonst die Energie kippt und Schaden anrichtet. Die Gedanken und Gefühle sollten rein und harmonisch sein.

- Beachten Sie unbedingt: Führen Sie dieses Ritual nie aus, wenn Sie eifersüchtig, enttäuscht oder wütend sind.

Das Venusritual erfordert Vorbereitungszeit, und muß unbedingt bei zunehmendem Mond durchgeführt werden.

Vorbereitungen im Vorfeld

Am ersten Freitag nach Neumond werden folgende Ritualutensilien besorgt und gemeinsam in einer Truhe oder einem Schrank bis zum Ritualbeginn verwahrt:

- Weiße Unterwäsche und weiße Kleidung
- eine rosa oder weiße Tischdecke für den Altar
- sechs rosafarbene Tafelkerzen
- sechs hellgrüne Tafelkerzen
- eine dicke, weiße, geweihte Altarkerze
- ein Stück stabilen, ungebrauchten Kupferdrahts zum Einritzen der Engelsiegel in die Kerzen (Baumarkt)
- zwölf Kerzenständer aus Kupfer oder durchsichtigem Glas
- eine Vase aus Kupfer, durchsichtigem Glas oder weißem Porzellan
- ätherisches Rosenöl
- Duftlampe, entweder aus Kupfer oder Glas (Bitte kein anderes Metall verwenden!)
- Streichhölzer
- getrocknete Rosenblüten für die Duftlampe
- 1 kg Salz vom Toten Meer
- getrocknete Rosenblüten für ein Bad, noch besser am Tag des Rituals frische Rosenblüten sammeln
- Ein Glas Blütenhonig
- 50 ml Mandelöl mit 5 ml ätherischem Geraniumöl (Geraniumöl zieht das Glück an) vermischen und in einem Fläschchen aufbewahren
- einen neuen (nur für das Ritual zu verwendenden) rosa Stift (Stabilo oder ähnliches)
- ein Blatt Butterbrotpapier
- eine Flasche roten Krim-Sekt, Sektgläser

(alternativ: weißen Sekt und Grenadine (Kir Royale)

- eine Flasche (ca. 150 bis 200 ml) echtes Rosenwasser (erhältlich in türkischen Lebensmittelgeschäften)
- 200 g geschälte und geriebene süße Mandeln

- Wichtig: Sprechen Sie mit niemandem über das geplante Ritual, um die sich aufbauende Spannung nicht zu zerstören.

Der Tag des Rituals

Am zweiten Freitag nach Neumond findet nun das eigentliche Ritual statt.

Vorbereitung

- Besorgen Sie sich einen Strauß rosa oder roter Rosen.
- Stellen Sie Telefon und Türklingel ab.
- Nehmen Sie ein reinigendes und entspannendes Vollbad mit einem Kilo Salz vom Toten Meer, gemischt mit dem aromatisierten Mandelöl, drei Eßlöffeln Blütenhonig und Rosenblättern (frisch oder getrocknet)
- Ziehen Sie die vorbereitete weiße Kleidung an.
- Mischen Sie die gemahlenen Mandeln mit etwas Honig zum Süßen und fügen langsam Rosenwasser hinzu, bis sich die Masse zu einem Teig kneten läßt. Falls Sie frische (unbehandelte) Rosenblüten haben, können Sie ein paar zerkleinern und unter die Masse kneten. Formen Sie kleine Kugeln, und dekorieren Sie diese (mit einer Rosenblüte) auf einer Schale.
- Richten Sie einen Tisch als Altar her. Dazu nehmen Sie die zurecht gelegte Tischdecke, stellen die Altarkerze in die Mitte und dahinter die Vase mit den Rosen.
- Hinten rechts plazieren Sie die Duftlampe mit Wasser, da hinein die zu räuchernden getrockneten Rosenblüten, die

mit etwas ätherischem Rosenöl betropft werden, und die Streichhölzer.

- Ritzen Sie mit dem Kupferdraht das Venussiegel (vergleiche: Abbildung) in die sechs hellgrünen Kerzen und reiben die Kerzen mit ätherischem Rosenöl ein.
- Stellen Sie die präparierten, hellgrünen Venuskerzen im Halbkreis links der Altarkerze auf.

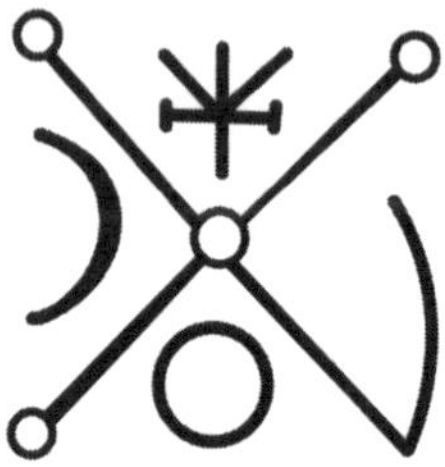

Venussiegel

- Ritzen Sie mit dem Kupferdraht das Siegel des Venusengels Anael (vergleiche: Abbildung) in die sechs rosafarbenen Kerzen und reiben die Kerzen mit ätherischem Rosenöl ein.

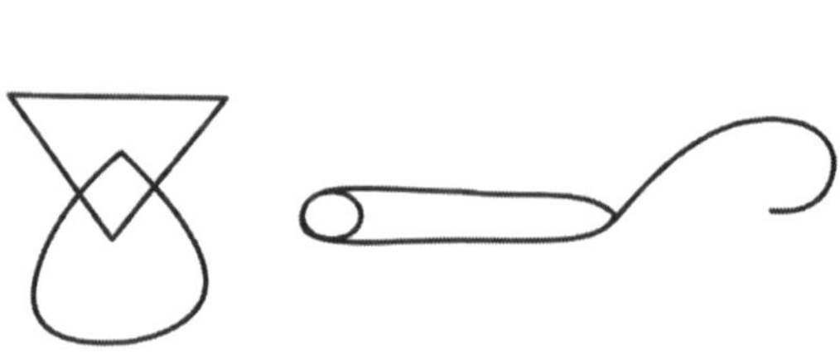

Siegel des Venusengels Anael

- Stellen Sie die präparierten rosafarbenen Anaelkerzen im Halbkreis rechts der Altarkerze auf.
- Nehmen Sie Butterbrotpapier, und zeichnen Sie mit dem rosa Stift das Planetenquadrat der Venus auf. Legen Sie das ausgeschnittene Quadrat vor die Altarkerze.

22	47	16	41	10	35	4
5	23	48	17	42	11	29
30	6	24	49	18	36	12
13	31	7	25	43	19	37
38	14	32	1	26	44	20
21	39	8	33	2	27	45
46	15	40	9	34	3	28

- Füllen Sie den Sekt in die (nach Anzahl der am Ritual Beteiligten) Sektgläser und plazieren Sie die gefüllten Gläser und die Mandelkugeln vor der Altarkerze.

Das Ritual kann beginnen

Wer korrekt ritualistisch arbeiten möchte, ziehe nun einen Schutzkreis (wie im Buch *Spiegelmagie* beschrieben). Sie können das Ritual jedoch auch ohne diesen zelebrieren. Gehen Sie nun wie folgt vor:

- Entzünden Sie mit den Streichhölzern die Duftlampe.
- Dann entzünden Sie die Altarkerze.
- Stimmen Sie sich ein paar Minuten still ein.
- Ziehen Sie das Venussiegel mit der rechten Hand dreimal in die Luft, und entzünden Sie die hellgrünen Venuskerzen.

- Sprechen Sie:

Venus, du schöner Stern, ich begrüße dich
Du ziehst gleichmütig deine Bahnen im Universum, und dein Planetenklang ist ein Teil des Gesanges Gottes
Mögest du deine liebliche Kraft in diesem Ritual entfalten und mich (uns) daran Anteil haben lassen.

- Ziehen Sie nun das Siegel des Anael mit der rechten Hand dreimal in die Luft, und entzünden Sie die rosafarbenen Kerzen des Anael.

- Sprechen Sie:

Anael, du geheimnisvoller Engel.
Du bist in den Herzen der Menschen, die du höher schlagen läßt, um die Kraft der Liebe zu spüren.
Um diese Kraft der Liebe bitte ich (bitten wir) dich. Laß mich (uns) erfüllt sein von diesem köstlichen Nektar, laß mein (unser) Licht erstrahlen, damit es in die Herzen meiner Mitmenschen leuchten kann, um sie zu erwärmen und ihren Schmerz zu heilen.
Segne mich (uns). Segne diese Speise und diesen Trank.

- Verharren Sie einige Minuten mit geschlossenen Augen, um die Energie ganz in sich aufzunehmen.

- Nun können Sie die gesegneten Mandelkugeln ganz bewußt essen und den Sekt langsam und bewußt trinken. Wichtig: Reste dürfen nicht weggeworfen werden, sondern sollten später in der gleichen Achtung bewußt verzehrt werden.

- Wenn Sie das Ritual beenden wollen, löschen Sie (nicht ausblasen) die Venuskerzen, und bedanken Sie sich mit eigenen Worten für die Kraftübertragung.

- Dann löschen Sie die Anaelkerzen und bedanken sich ebenfalls für die Übertragung der Kraft.

- Nun löschen Sie die Altarkerze und hernach die Duftlampe. Lösen Sie nun den Schutzkreis auf, falls Sie einen solchen gezogen haben, und verwahren Sie die Speisereste für den späteren Verzehr. Das Venusquadrat, das nun ebenfalls aufgeladen ist, tragen Sie nun mindestens einen Monat lang am Körper und legen es nachts unter ihr Kopfkissen.

Sie sollten sich nach dem Ritual nichts mehr vornehmen, sondern die Energie nachwirken lassen. Achten Sie auf Träume in den kommenden Nächten.

Geld und Spiritualität

Viele Menschen, die ihr Leben spirituell ausrichten, haben ein gespaltenes Verhältnis zu Geld. Sie fürchten, dem falschen Herrn zu dienen, wenn ihr Geldbeutel gefüllt ist. Ihr Vorurteil reicht soweit, daß sie jeden für einen Verbrecher und Ausbeuter halten, der finanziell unabhängig ist. Aber glauben Sie uns, man kann auch negativ von Geld beeinflusst werden und dem falschen Herrn dienen, wenn man kein Geld hat. Denn was entwickelt sich in den meisten Gemütern, die unter chronischem Geldmangel leiden? Es sind Wut, Haß, Neid, Missgunst, Armutsdenken. Wir leben in einer Gesellschaft, in der das meiste auf »Pump« gekauft wird. In den Versandkatalogen hat man mittlerweile monatelang Zeit, bis man die Rechnung (dann aber mit Zinsen) ausgleichen muß. Autos kauft kaum noch jemand bar. Sie werden geleast. Die Stereoanlage, der Fernseher, ja sogar der Urlaub kann auf Kredit gekauft werden. Häuser schießen wie Pilze aus dem Boden, aber wem gehören sie tatsächlich? Die Antwort lautet: der Bank. Wir wollen alles – und alles sofort. Damit machen wir uns abhängig. Jeden Tag hecheln wir unseren Zahlungsverpflichtungen hinterher. Wehe, wenn uns der Job gekündigt wird – dann ist es aus, dann ist alles verloren. Der Traumberuf, der einem vielleicht angeboten wird, muß abgelehnt werden, da das etwas niederere Einkommen nicht ausreichen würde, den Kredit zu tilgen. Urlaub gibt es erst wieder in fünfzehn Jahren, wenn das Haus abbezahlt ist. Aber, oh weh, was ist, wenn dann die ersten teuren Reparaturen anfallen? Und dann die Zahlungsmoral, die sich in den letzten Jahren eingeschlichen hat. War es vor zwanzig Jahren noch undenkbar, etwas zu kaufen und dann die Rechnung nicht dafür zu bezahlen, so schießen jetzt immer mehr Inkassobüros aus dem Boden, die sich darum bemühen, den Schuldner doch noch zur Zahlung zu bewegen. In vielen Fällen ohne Erfolg. Das ist nicht nur ärgerlich für die geprellten kleinen Betrieb oder den Unternehmer, nein, vielen bricht es gar finanziell das

Genick. Sie müssen ihr Geschäft schließen, Arbeitsplätze gehen verloren. Apropos Arbeitsplätze: Wie viele Arbeitnehmer fühlen sich nicht mehr mit ihrem Betrieb verbunden? Sie mogeln sich mit möglichst vielen Zigarettenpausen durch den Tag, schauen auf die Uhr, wann denn endlich Feierabend ist und stecken ihre ganze Energie in den Kampf um kürzere Arbeitszeiten bei höherem Lohn.

Da gibt es auch die Betriebe, die mit der Stoppuhr messen, ob der Arbeitsschritt nicht noch schneller erledigt werden kann und die Akkordminuten noch schlechter berechnet werden können.

Es gibt die Versicherungsvertreter, die einem noch die letzte unnötige Versicherung aufschwatzen.

Es gibt die Arbeitnehmer, die sich mal kurz krankschreiben lassen, weil sie heute keinen »Bock« haben.

Es gibt die Ärzte in den Krankenhäusern, die die Rate der Kaiserschnitte in die Höhe treiben, damit die Station nicht wegen Unrentabilität geschlossen wird.

Es gibt die Büroangestellten, die auf Betriebskosten private Telefonate führen oder im Internet surfen.

Es gibt die Angestellten und Arbeiter, die »mal eben« Betriebsware mit nach Hause nehmen – dem Chef wird's schon nicht weh tun, der hat ja eh viel mehr als ich.

Ja, selbstverständlich, wir haben die Politiker mit ihren Gaunereien nicht vergessen. Aber auch wenn wir schlechte Vorbilder haben, können wir doch nicht wirklich glauben, was viele ja sogar aussprechen? »Wenn die da oben so bescheißen, warum soll ich dann ehrlich sein?«

Was all diese Gedanken mit Geld zu tun haben? Nun: alles und nichts. Fakt ist: Wer sich nicht anständig benimmt, bekommt das auf seinem Karmakonto als rotes Minus verbucht. Oder haben Sie geglaubt, bei allem geht's um karmischen Ausgleich nur nicht beim Geld? Nun könnten Sie einwenden: Aber ich rede von Betrügereien, harmloser ausgedrückt von Schwindeleien und mangelnder Arbeitsmoral – was hat das mit Geld zu tun? Und wir würden antworten: Geld ist eine Form von Energie – völlig wertfrei, weder gut noch schlecht. Diese Energie erhält man für eine erbrachte Arbeit. Oder man gibt sie für erhaltene Arbeitskraft und Arbeitszeit. Wenn wir nicht ehrlich sind bei unserer Arbeit, oder Geld für erbrachte Leistung zurückhalten oder nur widerwillig hergeben, vielleicht noch um den Preis feilschen, dann wird die Energie des Geldes negativ. Das Geld wird mit Geiz und Habgier geprägt. Arbeiten wir jedoch mit Freude und schätzen wir erbrachte Arbeit, indem wir sie mit Dankbarkeit entlohnen, dann wird Geld zu einer Form der Liebe. Mangel an Geld ist somit auch Mangel an Liebe. Erst wenn Sie sich nicht mehr um existentielle Probleme kümmern müssen, haben Sie den nötigen Freiraum für geistiges Wachstum.

Wir sind hier in der Welt der Materie, auf diesem Schulungsplaneten Erde. Wir sind inkarniert, um den richtigen Umgang mit ihr (der Materie) zu lernen. Dazu gehört auch, daß wir erlernen, mit Geld umzugehen. Erst wenn der Umgang mit Geld gelernt wurde, wird das Geld zur Nebensache, ist nicht mehr wichtig. Es fließt dann in Liebe und ist ohne Anstrengung, ohne viel Gedanken dafür zu verschwenden da, wenn es benötigt wird.

Ein gestörtes Verhältnis zu Geld, sei es chronischer Geldmangel, Verschwendungssucht, Verlustangst, Geiz oder anderes, hat mit einem gestörten Wurzelchakra zu tun.

Das Wurzelchakra

Sitz des Wurzelchakras ist das Steißbein. Es ist die Verbindung zur Erde und ihren lebenserhaltenden und schöpferischen Energien. Menschen mit permanentem Geldmangel und Existenzängsten, fehlendem Selbstvertrauen und Durchsetzungsvermögen haben ein gestörtes Wurzelchakra. Auch Schwierigkeiten mit den Zähnen und den Knochen lassen auf eine Blockade im Wurzelchakra schließen.

Meditationsvorschlag zur Aktivierung des Wurzelchakras

- Gehen Sie in eine bequeme Meditationshaltung (Asana), am besten sitzend, die Füße fest auf der Erde aufliegend. Die Hände liegen nach oben geöffnet auf den Oberschenkeln.
- Schließen Sie die Augen, atmen Sie gleichmäßig und ruhig.
- Beim Einatmen stellen Sie sich nun vor, wie Sie, mit dem Atem verbunden, Ruhe und Gelassenheit in Ihren Körper und in jede Zelle einfließen lassen.
- Beim Ausatmen stellen Sie sich vor, wie der Alltag und seine Probleme und Gedanken von Ihnen fließen.
- Sie atmen Ruhe ein und ihren Alltag aus.
- Konzentrieren Sie sich nun auf Ihre Füße und auf Ihre Zehen. Stellen Sie sich bildhaft vor, wie lange Wurzeln – wie von einem starken Baum – aus Ihren Fußsohlen, Ihren Fersen und aus den Zehen wachsen.
- Die Wurzel wachsen nun langsam tief in die Erde, an den Kristallen und Mineralien vorbei, bis sie an einen riesigen, roten Jaspisstein gelangen und sich um diesen ranken und verästeln.

- Nun wächst erneut eine Wurzel, dieses Mal aus der Verlängerung ihres Steißbeins, senkrecht nach unten zu diesem Jaspis, mit dem sie sich sofort verbindet.
- Der rote Jaspis hat eine starke Ausstrahlung, eine rote intensive Farbschwingung. Der Jaspis ist das Symbol unseres Fundaments.
- Dieser rote Energiestrom fließt nun durch die Wurzeln ganz allmählich und sanft in Ihren Körper. Sie nehmen diesen Strom der Lebenskraft und Kreativität auf wie ein trockener Schwamm.
- Mittels Ihrer Vorstellungskraft spüren Sie förmlich, wie der Energiestrom der Erde und des Jaspis durch ihre Füße, die Beine nach oben entlang, zu Ihren Kniegelenken fließt und sich schließlich in Ihr Becken ergießt.
- Ihr Becken leuchtet nun in diesem wunderbaren, warmen Rotton auf. Sie verspüren eine angenehme und entspannende Wärme.
- Lassen Sie nun diese Energie zwischen sich und der Mutter Erde kreisen. Stellen Sie sich vor, wie dieser Energiestrom durch Ihr Steißbein und die damit verbundene Wurzel zurück ins Erdreich fließt, während er sich über Ihre Füße ständig in ihrem Körper erneuert.

Auf diese Art und Weise entsteht ein angenehmer Kreislauf von Geben und Nehmen. Halten Sie diese Vorstellung des Kreislaufs einige Augenblicke aufrecht, so lange Sie sich Zeit für diese Übung geben wollen.

Wenn Sie die Übung beenden wollen, behalten Sie den Energiefluß und die Verbindung mit der Erde aufrecht. Sie sind zu jeder Stunde des Tages mit der Erde verbunden. Die Erde ist ihr Fundament. Nun beenden Sie Ihre Imaginationen. Sie spüren wieder ihr Gesäß und den Kontakt mit dem Fußboden. Sie sind wieder im Hier und Jetzt und öffnen die Augen.

Reichtum ist herbeiwünschbar

Reichtum ist für jeden anders definiert. Der eine braucht eine Million um reich zu sein, der andere ist reich, wenn er 500 Euro mehr verdient. Ob man sich reich fühlt oder nicht, kommt immer auf die innere Zufriedenheit an, die man hat oder nicht hat. Ein Millionär kann sich sehr unzufrieden fühlen, wenn er seinen inneren Frieden, seine Selbstachtung und Selbstliebe nicht findet.

Sprich: Werden Ihre inneren Bedürfnisse, Ihr innerer Reichtum (Frieden, Harmonie, Selbstachtung, Lebendigkeit, Selbstliebe) nicht erfüllt, werden Sie mit noch so viel Geld keine Befriedigung finden. Gleich, wie viel Sie besitzen: Es wird Ihnen nicht ausreichend erscheinen.

Wenn Sie sich nicht reich und zufrieden fühlen, können Sie mit Hilfe unserer Anregungen ihre Situation positiv verändern. Wichtig dabei ist es, die spirituellen Gesetze des Geldes zu kennen und anzuwenden.

Die spirituellen Gesetze des Geldes

Geld ist fließende Energie. Wie mit dieser Energie umgegangen wird, ist entscheidend für die Qualität des Resultats. Wenn Sie Ihr Geld auf Kosten anderer erhalten, werden Sie wahrscheinlich nicht glücklich damit werden. Sind Ihre Gedanken und Handlungen aber im Einklang mit den kosmischen Gesetzen, wird Ihnen so viel Geld zufließen, wie Sie benötigen. Und Sie werden sich nicht darum sorgen müssen, daß Sie dieses Geld wieder verlieren. Sie werden dann zu einem Magneten, der automatisch alles anzieht was er braucht.

Sie befolgen die kosmischen Gesetze, wenn Sie auf das Wohl anderer achten und nicht mit ihnen konkurrieren, sondern Ihren Mitmenschen genauso viel Glück und Reichtum wünschen, wie sich selbst.

Das bedeutet: Werden Sie sich zuerst einmal klar darüber, was für eine Einstellung Sie zum Geld haben.

Wenn Sie glauben, Geld sei etwas Negatives, wird Sie Ihr Unterbewußtsein von allen Möglichkeiten abhalten, die Ihnen zu Reichtum verhelfen könnten. Ihre Glaubensvorstellungen erschaffen Ihre Realität. Glauben Sie, das Leben sei ein harter Kampf, wird es für Sie auch so sein. Da Sie das erschaffen, woran Sie glauben, werden sie ständig »Beweise" dafür erhalten, daß die Realität so beschaffen ist, wie Sie es denken. Sind Sie der festen Überzeugung, daß der Kosmos für Sie sorgt, werden Sie immer wieder aufs neue die Fülle des Universums erfahren.

Lieben Sie es, Geldscheine rascheln zu lassen und Münzgeld klingen zu hören?

Oder sind Sie der Meinung, Geld sei unappetitlich und waschen sich nach Berührung am liebsten sofort die Hände?

Glauben Sie, Geld verdirbt den Charakter?

Oder sind Sie der Meinung, mit Geld kann man sehr viel Gutes tun?

Versuchen Sie, sich die positiven Eigenschaften des Geldes vor Augen zu führen.

Affirmationen wie die folgenden können dabei sehr hilfreich sein:

- Es steht mir zu, reich zu sein.
- Der Kosmos sorgt gut für mich.
- Ich verdiene es, Geld zu haben.
- Das Universum ist wohlwollend und voll der Fülle.
- Ich bin mit dem grenzenlosen inneren und äußeren Reichtum des Universums verbunden.

Fühlt sich Ihr Geld bei Ihnen zu Hause?

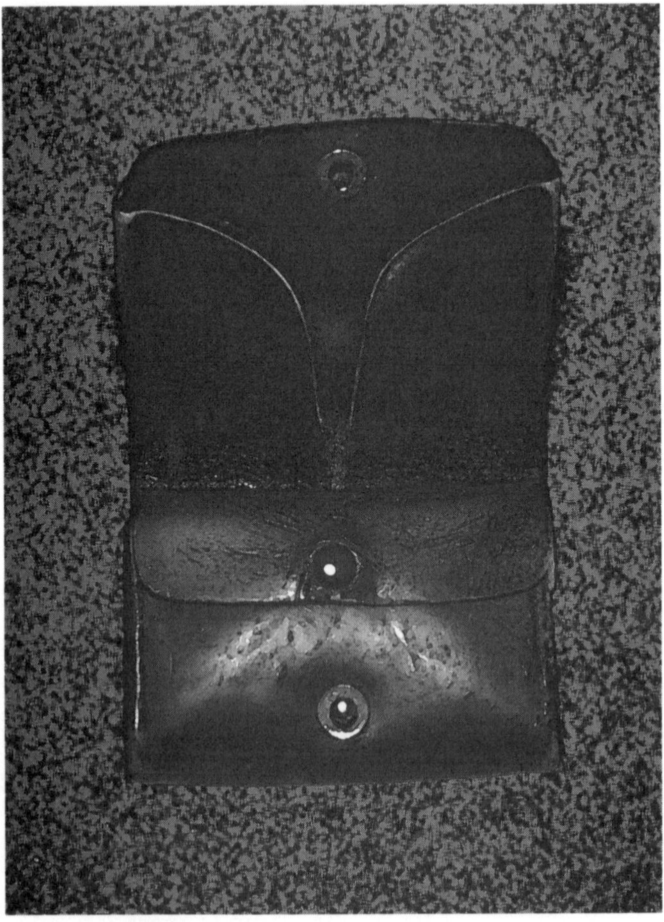

Mit Hilfe der folgenden Methode können Sie herausfinden, ob Ihr Geld sich bei Ihnen »zu Hause« fühlt:

- Legen Sie Ihren Geldbeutel, den Sie für gewöhnlich benutzen, vor sich auf den Tisch.
- Betrachten Sie ihn von allen Seiten, von innen und außen.
- Nun stellen Sie sich vor, Sie wären ein edler fünfhundert Euro Schein.
- Der Geldbeutel vor Ihnen wäre Ihr Zuhause.
- Würden Sie sich in diesem Geldbeutel wohl fühlen?
- Ist er geräumig genug, oder müßten Sie sich hineinquetschen?
- Sieht er schäbig oder edel aus?
- Wenn Sie sich als fünfhundert Euro Schein in diesem Geldbeutel nicht wohl fühlen, sollte Ihre erste Handlung auf dem Weg zu Reichtum und Wohlstand der Kauf eines schönen Geldbeutels sein.
- Da Geld eine grüne Energie ist, wäre es vorteilhaft, einen grünen Geldbeutel auszusuchen. Auch Gold ist Symbol für Reichtum und deshalb als Farbe für einen Geldbeutel sehr gut geeignet.
- Legen Sie sich einen kleinen, grünen Stein, zum Beispiel einen Malachit, in das neue Zuhause für Ihr Geld. Noch besser geeignet ist eine echte Goldmünze. Die Anschaffung ist Ihnen zu kostspielig? Vergessen Sie nicht: Geiz ist eine negative Eigenschaft.
- Stellen Sie sich vor, Sie würden eine neue Wohnung einrichten, Sie würden liebevoll jedes Detail aussuchen und an der geeigneten Stelle platzieren. Genau so, mit der gleichen Freude, richten Sie nun die neue Wohnung Ihres Geldes ein.
- Sie können, wenn Sie wollen, mit einem Goldstift Reichtums- und Glückssymbole in Ihren Geldbeutel malen. Dies könnten zum Beispiel ein vierblättriges Kleeblatt sein,

eine Sonne, eine goldene Gans, Hände, in die Goldtaler fallen, oder ein Füllhorn.

- Seien Sie kreativ. Lassen Sie Ihrer Phantasie freien Lauf. Bilder und Symbole sind sehr mächtig und prägen sich stark in das Unterbewußtsein ein. Sie umgehen die Zensur Ihres Verstandes und werden zu Meilensteinen auf dem Weg zu Ihrem neuen »Reichtumsprogramm«.

Reichtum

Haben sie die neue Wohnung eingerichtet? Gut, denn nun folgt der nächste Schritt

Übung: Geld stinkt nicht

- Von nun an wird Ihr Geld überall, wo es hingelangt, einen Wohlgeruch verbreiten.
- Parfümieren Sie Ihre Geldscheine mit ätherischem Öl oder Ihrem Lieblingsparfüm.
- Segnen Sie Ihr Geld, indem Sie Ihre Hände darüber halten und sprechen:

Deine grüne Energie soll in ständigem Fluß sein,
zum Wohle aller.
Erfreue mich und andere mit deiner Liebesschwingung.
Wachse, und vermehre dich.

- Dabei visualisieren Sie, wie sich Ihr Geld vermehrt. Sie können sich auch vorstellen, daß Sie – wie Dagobert Duck – in Geld baden. Nur so geizig, wie Dagobert dürfen Sie nicht werden. Lassen Sie in Gedanken und inneren Bildern andere Menschen an Ihrem visualisierten Reichtum teilhaben.

Christliche Technik

- Sprechen Sie dreimal:

Im Namen des Vaters,
des Sohnes
und des Heiligen Geistes.

- Dabei ziehen Sie mit der rechten Hand dreimal das gleichseitige Kreuz über Ihrem Geld.

Buddhistische Technik

• Wiederholen Sie mehrere Male folgendes Mantra:

OM AH HUM

OM verbinden Sie mit der Vorstellung von weißem Licht
AH verbinden Sie mit der Vorstellung des roten Lichts
HUM verbinden Sie mit der Vorstellung des blauen Lichts

Die Mechanismen des Geldes

- Geld ist fließende Energie. Das bedeutet, es will nicht gehortet werden. Das Geheimnis des Geldes beinhaltet nämlich, daß die grüne Energie im Kosmos zirkulieren muß. Verschenken Sie Geld. Es wird vervielfacht zu Ihnen zurückkehren. Sagen Sie nicht: »Das mache ich, wenn ich reich bin.« Nein, machen Sie es jetzt gleich. Befreien Sie sich von Ihren Verlustängsten. Der Kosmos sorgt für Sie, wenn Sie es nur zulassen.
- Wenn Sie Rechnungen zu bezahlen haben, ärgern Sie sich nicht darüber. Werden Sie sich vielmehr darüber bewußt, daß Sie für Ihr Geld ja auch etwas erhalten haben – sei es eine Dienstleistung oder etwas Materielles. Bezahlen Sie die Rechnung mit Freude, gönnen Sie dem Empfänger das Geld. So wird es auch wieder vervielfacht zu Ihnen zurück fließen. Geben Sie im Restaurant großzügig Trinkgeld, auch wenn die Rechnung eine »glatte Summe« ergibt. Ärgern Sie sich nicht darüber, daß seit dem Euro alles teurer geworden ist. Nehmen Sie es gelassen, und bleiben Sie weiterhin großzügig. Das bedeutet jedoch nicht, daß Sie nun alles Geld »verpulvern« sollen. Einige Esoteriker sind der Ansicht, alles bis auf den letzten Heller ausgeben zu können. Der Kosmos würde dann schon dafür sorgen, daß zur Tilgung der nächsten Rechnung oder beim Eintritt ins Rentenalter der große Lottogewinn käme. Aber warum sollte Gott uns einen Lottogewinn bescheren? Ist es nicht eher unsere Aufgabe, Verantwortung zu lernen? Verantwortung für uns selbst und unsere Familie? Dazu gehört auch ein gewisses Maß an Weitsicht. Ist es nicht verantwortungslos, die eigene Altersvorsorge zu vernachlässigen, alles Geld auszugeben und sich dann im Alter von der Solidaritätsgemeinschaft aushalten zu lassen?

Übung: Technik zur positiven Veränderung Ihres eigenen Geschäfts

- Wenn Sie ein Geschäft haben, visualisieren Sie eine Lichtsonne, die von Ihrem Herzchakra ausstrahlt und alle Menschen erreicht, die Ihre Arbeit wertschätzen und denen Sie mit Ihrer Dienstleistung oder Ihrer Ware weiterhelfen und eine Freude bereiten können.
- Stellen Sie sich vor, wie Sie durch Lichtfäden mit diesen Menschen verbunden sind. Sie werden nun den Weg zu Ihnen finden.
- Lösen Sie sich von dem Gefühl der Dringlichkeit und Bedürftigkeit. Seien Sie ganz entspannt, und vertrauen Sie darauf, daß Sie die Menschen anziehen, die von Ihrer Arbeit einen Nutzen haben. Seien Sie sich bewußt, daß Sie niemanden gegen seinen Willen zu etwas zwingen dürfen und daß Sie nur Menschen anziehen, wenn es zum Wohle aller Beteiligten ist.
- Konzentrieren Sie sich darauf, daß Sie mit Ihrer Arbeit anderen Menschen etwas Gutes tun und Ihnen Freude bringen.
- Wiederholen Sie diese Übung immer wieder. Sie wird Ihre magnetische Anziehungskraft immer weiter stärker.

Falls Sie Angestellte haben, die Verlustängste oder Neid empfinden, wirkt sich das ebenfalls auf Ihren Betrieb aus. Die Lösung ist jedoch nicht, diese Menschen zu entlassen, sondern mit Ihnen gemeinsam positiv zu wirken. Beziehen Sie Ihre Angestellten mit ein. Denn nur, wenn jeder positiv mitwirkt, fließt das Geld – was ja auch Ihren Angestellten zu Gute kommt.

Übung: Stärkung des Selbstwerts

- Stärken Sie Ihr Selbstwertgefühl, indem Sie sich ab und zu selbst etwas schenken. Gönnen Sie sich auch einmal etwas Edles.
- Kleiden Sie sich nicht schäbig. Das würde Ihr Armutsdenken fördern. Auch wenn Sie momentan noch nicht über ausreichend Geld verfügen, gibt es immer die Möglichkeit, sich geschmackvoll zu kleiden. Seien Sie es sich wert, schön auszusehen.

Übung: Mein Wunschzettel an den Kosmos

Wenn Sie zum Beispiel einen Wintermantel brauchen, schreiben Sie genau auf, über welche Eigenschaften er verfügen soll.

- Schreiben Sie alles über die Farbe, das Material, das Aussehen und was er höchstens kosten darf (Sie können auch »bestellen«, daß Sie ihn geschenkt bekommen möchten).
- Wenn Sie ein Bild eines solchen Mantels in einem Prospekt oder Katalog finden, schneiden Sie es aus und kleben es zu Ihrer Beschreibung dazu.
- Nun bitten Sie Ihr Unterbewußtsein darum, im Universum für die Auftragserledigung zu sorgen. Besorgen Sie sich einen schönen, feuerfesten Kessel (eventuell auf dem Flohmarkt), den Sie in Zukunft für Ihre Wunschrituale verwenden. Gebrauchen Sie ihn aber ausschließlich zu diesem Zweck. Er wird sich mit der Zeit magisch aufladen und Ihre Wunschrituale verstärken.
- Entzünden Sie den Wunschzettel an einer grünen oder goldenen gesegneten Kerze, und stellen Sie sich dabei vor,

wie der aufsteigende Rauch Ihre Bestellung in den Kosmos trägt. Visualisieren Sie sich Ihren Wunsch als bereits verwirklicht. Je mehr Sie dabei visuell und auch emotional kreieren können, desto besser kann ihr Wunsch sich materialisieren.

Nach dem Verbrennen sollten Sie sich gedanklich komplett von Ihrem Wunsch trennen. Es muß für Sie klar sein, daß die Bestellung korrekt abgeschickt wurde und Sie sich jetzt nicht mehr darum kümmern müssen. Oder würden Sie etwa nach erfolgter Bestellung im Versandkatalog jeden Tag dort anrufen und nachfragen, ob Sie die Ware wirklich erhalten werden? Sicher nicht. Und genauso wenig sollten Sie dies bei Bestellungen an den Kosmos tun.

Was genau Sie sich wünschen, bleibt Ihnen überlassen – sei es ein eigenes Haus, eine schöne Urlaubsreise, ein guter Arbeitsplatz oder anderes. Ganz wichtig ist es aber in jedem Fall, genau auszuformulieren, was Sie wollen. Wenn Sie sich ein eigenes Haus wünschen, aber nicht genau definieren, welche Funktionen es erfüllen soll, wie groß es sein soll, ob es auf dem Land oder in der Stadt steht, einen Garten hat oder eine Tiefgarage, werden Sie nicht das Passende für sich »anziehen«.

Ein Beispiel: Eine Frau aus meinem Bekanntenkreis »programmierte« sich ein Haus, vergaß aber zu formulieren, daß es pflegeleicht und gut in Schuß sein sollte. Sie bekam ihr Haus, ist aber nun seit Jahren mit der Restauration beschäftigt.

Was will ich wirklich?

Werden Sie sich darüber klar, was Sie wirklich wollen. Je harmonischer Ihre Wünsche mit Ihrer Lebensaufgabe korrespondieren, desto schneller werden Sie sich erfüllen. Ihr hohes Selbst wird immer bestrebt sein, Ihrer Lebensaufgabe förderliche Möglichkeiten zu schaffen. Hören Sie auf Ihre innere Stimme. Was hat sie Ihnen zu sagen? Lassen Sie sich nicht von Ihrem Verstand dazwischen funken, der immer fragt: »Ist die Entscheidung vernünftig? Ist mein Arbeitsplatz auch in zehn Jahren noch sicher? Kann das wirklich funktionieren?« und so weiter und so fort. Viel wichtiger ist: Was sagt Ihnen Ihre innere Stimme? Haben Sie ein gutes oder schlechtes Gefühl, wenn es um eine Entscheidung geht?

Jesus sagte*: »Werdet wie die Kinder !«*

Kinder handeln aus dem Bauch heraus, und sie können sich noch an kleinen Dingen freuen. Haben Sie schon einmal gesehen, wie sich ein kleines Kind an einem Marienkäfer erfreut, der ihm über die Hand krabbelt?

Leben Sie Ihr Leben im Hier und Jetzt. Es ist nicht wichtig, was in zehn Jahren sein könnte – jetzt, in diesem Augenblick, sind Sie da. Erfreuen Sie sich jetzt Ihres Lebens. Denken Sie nicht: »Wenn ich erst einmal reich bin, dann gönne ich mir dies und das, aber bis dahin muß ich hart arbeiten." Nein, so funktioniert das nicht. Sie werden, wenn Sie dann reich sind, Ihr Leben immer noch nicht genießen können und ein unglücklicher Millionär sein.

Verrichten Sie Ihre Arbeit mit Freude. Haben Sie einen Arbeitsplatz, der Ihnen nicht gefällt, versuchen Sie die Dinge, die Sie nicht mögen, zu verändern. In vielen Fällen kann man sich mit seinen Arbeitskollegen arrangieren. Jeder hat Bereiche, die er mehr oder weniger mag. In offenen Gesprächen mit den Mitarbeitern können ganz unerwartete positive Lösungen entstehen. Fühlen Sie sich jedoch ganz unglücklich mit Ihrer Arbeit, dann haben sie den Mut, sich zu verändern. Auch in wirtschaftlich schwierigen Zeiten gab und gibt es immer kreative, positiv denkende Menschen, denen das Geld zufließt.

Übung: Gedankenkontrolle:

Kontrollieren Sie stets Ihre Gedanken. Verfallen Sie nicht in Ihr Armutsdenken zurück, wenn nicht sofort alles so funktioniert, wie Sie es sich vorgestellt haben. Bedenken Sie: Alles braucht seine Zeit. In der Übergangsphase Ihrer Umstellung zu Glück und Reichtum kann es natürlich auch zu Rückschlägen kommen. Denken Sie nun nicht, daß Ihre Bemühungen sinnlos waren. Es sind Ihre alten Gedankenmuster, die sich noch einmal melden, in der Hoffnung, von Ihnen erneut Nahrung zu erhalten. Diese Negativprogramme wollen sich nun materialisieren. Behalten Sie Ihre positive Einstellung, und vertrauen Sie darauf, daß die kosmischen Gesetze der Anziehung (von Reichtum und Glück) funktionieren.

Ohne Planung geht es nicht: Der Haushaltsplan

Ohne ein wenig Arbeit geht es nicht. Wenn Sie an Ihrer Gesamtsituation etwas positiv verändern wollen, schreiben Sie sich eine Liste Ihrer monatlichen Einnahmen und Ausgaben. Verschaffen Sie sich einen genauen Überblick.

Dies könnte so aussehen:

Einnahmen

Gehalt:..•
Durchschnittl. Einnahmen aus
selbstst. Tätigkeit:...•
Mieteinnahmen:..•
Kindergeld:..•
Trinkgeld:..•
Sonstiges:..•

Ausgaben

Miete:...•
Unkosten Haus:..•
Strom:...•
Wasser:..•
Versicherungen:..•
Telefon:...•
Haushaltsgeld:...•
Kleidung:...•
Auto:..•
Schulden:...•
Sonstiges:..•
Taschengeld:..•
(nicht nur für die Kinder)..•
Urlaub:...•
Überschuß:...•

Wenn Sie alle Beträge aufgeschrieben haben, schauen Sie sich das Verhältnis zwischen Einnahmen und Ausgaben an. Wenn die Ausgaben höher als die Einnahmen sind, müssen Sie sich Gedanken darüber machen, wo Sie vielleicht die roten

Zahlen verkleinern können. Es sollen ja schließlich nur die schwarzen Zahlen wachsen. Beim genauen Durchforsten der Finanzen findet sich oftmals die eine oder andere unsinnige Ausgabe. Schauen Sie sich zum Beispiel ihren Stromverbrauch an. Müssen alle Lichter im Haus angeschaltet sein, auch wenn sich niemand im Raum aufhält? Müssen es denn 100 Watt Birnen sein? Wie viele Geräte sind auf Stand-by gestellt und verbrauchen unnötig Strom? Muß der Wäschetrockner auch im Sommer benutzt werden? Und die Wasserrechnung? Stellen Sie den Wasserhahn ab, wenn Sie die Zähne putzen, die Haare schamponieren oder sich rasieren? Brauchen Sie alle Versicherungen, die Sie abgeschlossen haben? Werfen Sie auch einen Blick auf Ihre Benzinrechnung: Fahren Sie vielleicht unnötige Strecken, weil Sie nicht gut organisiert haben? Können Sie Fahrgemeinschaften bilden? Wäre ein Auto mit weniger PS und geringerem Benzinverbrauch nicht sparsamer und gesünder für die Umwelt? Haben Sie ein Heft abonniert, das Sie gar nicht lesen? Sind Sie noch im Fitnesscenter angemeldet, obwohl Sie gar nicht mehr hingehen?

Bares contra »Kartengeld«

Eine alte Regel besagt:

Geben Sie nicht mehr als 70% Ihres Einkommens aus. Vergessen Sie gerade als Selbstständiger nicht, daß dazu auch die Steuerabgaben gerechnet werden müssen und auch zurückgelegt sein müssen, wenn die Rechnung vom Finanzamt kommt. Da gab es schon manch böses Erwachen. Aber: Dem Kaiser, was dem Kaiser gebührt! 10% sollten Sie in eine schön gestaltete Spendenschale legen, um Menschen in Not zu helfen. 20% Ihres Einkommens sollten Sie sparen. Stets sollten Sie bemüht sein, mit dem Girokonto nicht ins Minus zu rutschen. Heben Sie nur so viel Geld ab, daß noch ein kleiner Restbetrag im Plus stehen bleibt. Sparen Sie in schlechteren Zeiten dann mehr bei den Ausgaben. Es ist energetisch wichtig, auf dem Bankkonto im Plus zu sein.

Bezahlen Sie nicht mit Karten, nur in äußersten Notfällen. Nehmen Sie Ihr echtes Geld, das Sie in der Hand fühlen können. Nur so können Sie es segnen und parfümieren. Bereiten Sie sich für jeden Ausgabenposten einen schön gestalteten Briefumschlag vor (siehe Gestaltung eines Geldbeutels). Schreiben Sie den Betrag und die Art der Ausgabe darauf. Verteilen Sie nun jeden Monat Ihr gesegnetes und parfümiertes Geld in die Umschläge. Die Umschläge können zusammen mit Glückspfennigen, grünen Steinen, getrockneten Rosenblüten und ähnlichen Dingen in eine schöne Schachtel gelegt werden.

Falls Sie in einem Umschlag für Ausgaben einmal nicht alles verbraucht haben, freuen Sie sich darüber und legen das Geld in einen Sparumschlag.

Sparen – aber richtig

Kaufen Sie nur etwas, wenn Sie auch das Geld dazu haben. Ansonsten richten Sie sich einen Umschlag ein, der mit dem Kaufziel beschriftet ist. Wenn Sie möchten, tun Sie noch ein Bild des Gewünschten hinzu. Sammeln Sie in diesem Umschlag die Überschüsse, bis Sie bar bezahlen können. Sie werden erstaunt sein, wie schnell Sie das Geld haben werden, oder wie schnell der Wunsch uninteressant werden kann.

Durch das Erstellen eines solchen Finanzplanes und die Übersicht, die man dadurch erhält, war schon mancher angenehm überrascht und erleichtert, der sich zuvor ständige Sorgen machte, ob das Geld ausreichen würde.

Übungen für inneren und äußeren Reichtum

Buddhistisch

- Sprechen Sie 14 Tage lang täglich 1000mal das grüne Tara Mantra mit der Visualisierung und Ausdehnung des grünen Lichts (siehe das Kapitel: Atiyoga):

OM TARE TUTTARE TURE SVAHA

Dabei visualisieren Sie sich selbst als grüne Tara. Für diese Übung genügt es auch, wenn Sie versuchen, sich selbst als Tara zu fühlen, falls Sie eine bildliche Vorstellung nicht so gut hinbekommen. Seien Sie dabei absolut überzeugt, daß sie selbst der weibliche Buddha sind (das gilt natürlich auch für Männer) und alle Eigenschaften und Kräfte des Buddhas, die jeder Mensch potentiell in sich trägt aus sich selbst hervorbringen und diese bis in jede Zelle Ihres Seins jetzt zum Ausdruck kommt. Insbesondere zeichnen sich die Eigenschaften des weiblichen Buddhas Tara durch grenzenloses und handelndes Mitgefühl zu allen Wesen aus. Diese kurze Tara-Praxis stammt einem sehr ausführlichen tantrischen Überlieferungstext, der normalerweise viele Anforderungen an den Übenden stellt. Diese Anforderungen geben wir in diesem Kapitel nicht weiter. Bitte achten Sie diese Mantren als etwas sehr Wertvolles und seien Sie sehr gewissenhaft bei der korrekten Wiederholungszahl der Mantren. Auch wenn diese Übung sehr einfach anmutet, ist es doch so, daß Sie durch das Üben einen tatsächlichen Kontakt mit erleuchteten Wesen erhalten und dies ist ohne Übertreibung etwas ganz Besonderes.

- Um die Armut zu überwinden, sprechen Sie anschließend 14 Tage lang 1000mal täglich mit der Visualisierung und Ausdehnung des gelben Lichts (siehe Kapitel: Atiyoga):

OM TARE TUTTARE TURE MAMA BASU
PUSCHTIM KURU SVAHA

- Zusätzlich weiterhin täglich 108mal:

OM TARE TUTTARE TURE SVAHA

- Dann sprechen Sie das dritte Mantra in täglicher Praxis eine Stunde, oder zweimal eine halbe Stunde lang über mehrere Monate hinweg – mit der Visualisierung und Aussendung des fünffarbigen Lichts (siehe Kapitel: Atiyoga). Die äußeren Umstände werden sich nun so einrichten, daß sich Reichtum einstellen kann.

OM TARE TUTTARE TURE MANDALAM
(gesprochen: MANTSCHALAM)
SHRI MAHAPANI SVAHA

Christlich

- Sprechen Sie 108mal den Psalm 25,6:

Denk an dein Erbarmen, Herr
Und an die Taten deiner Huld,
denn sie bestehen seit Ewigkeiten

- Ritzen Sie das Siegel des Engels Aziel auf eine gesegnete goldene Kerze, und bitten Sie ihn täglich, indem Sie die Kerze anzünden, um Hilfe, wenn Sie in finanziellen Schwierigkeiten sind. Vertrauen Sie darauf, daß er Sie erhört.

Seelische und körperliche Heilung

So überwinden Sie Ihre Angst

Die Angst klopfte an die Tür,
das Vertrauen öffnete,
und niemand war draußen.
(Chinesisches Sprichwort)

Um uns dem Thema Angst nähern zu können, müssen wir uns zuerst einmal fragen: Was ist Angst überhaupt?

Es gibt unendlich viele Dinge, vor denen man Angst haben kann; Existenzangst, Angst vor Krankheit, Unfall oder Tod. Angst vor Krieg und Umweltkatastrophen, Angst, den Partner zu verlieren, Angst vor Spinnen, Angst davor, vergewaltigt zu werden – man könnte die Liste beliebig lange fortsetzen. Wir können unmittelbar feststellen, was die Angst mit unserem Körper macht. Wir bekommen kalten Angstschweiß, eine Gänsehaut, Magenschmerzen, Durchfall, weiche Knie und so weiter. Lassen wir uns auf dieses Gefühl der Angst ein, so wird sie immer größer und schier unüberwindbar. Sie scheint sich zu verselbstständigen.

Und tatsächlich trügt dieses Gefühl nicht.

Elementale und ihre Bekämpfung

Die Angst wird zu einem eigenständigen Energie-Wesen, zu einem Elemental.

Elementale werden durch Gefühls- und Gedankenenergien aufgebaut. Das bedeutet, daß die Energien der Angst, die ein Mensch erzeugt, in eine Art Reservoir fließen und sich dort ansammeln. Bekommt nun dieses Reservoir ständig Nachschub, in diesem Fall durch immer wiederkehrende Ängste, entsteht ein mächtiges Energiefeld. Dieses Energiefeld oder Elemental verhält sich, wenn es einmal stark genug ist, wie ein selbständiges Wesen. Wie jede andere Lebensform auch, ist nun dieses Elemental bestrebt, am Leben zu bleiben.

Lebensfähig ist es jedoch nur, wenn es ständig neue Energienahrung (Angst) zugeführt bekommt. So wird es mit der Zeit selbst aktiv und schleicht sich in die Gedanken seines Erzeugers ein, um dessen Ängste immer wieder von neuem zu aktivieren.

Viele Menschen schufen sich solche Angst-Elementale, die sich mittlerweile nicht nur in ihrem Energiefeld aufhalten, sondern sich zu einer globalen dunklen Energiemasse innerhalb unserer Erdatmosphäre (morphogenetisches Feld) verdichtet haben. Sie sind also miteinander verbunden und haben so zu einer mentalen Umweltverschmutzung geführt. Eine große Anzahl liebevoller Menschen und auch hohe geistige Wesenheiten sind bemüht, diese negativen Energien durch Lichtarbeit zu transformieren, um der Erde und Menschheit zu helfen.

Wenn Sie, liebe Leserin, lieber Leser unter Ängsten leiden, wird es ihnen vielleicht jetzt verständlicher, weshalb es so schwierig ist, diese Ängste in den Griff zu bekommen. Wenn sie jedoch fest entschlossen sind, dieser Geschichte ein Ende zu bereiten, gibt es durchaus sehr brauchbare Methoden, die mit ein wenig Ausdauer auch erfolgreich sein werden.

Werden Sie sich zuerst einmal klar darüber, daß Ihr selbst erschaffenes Elemental Nahrung braucht, um zu überleben. Das bedeutet für Sie, daß Sie es aushungern müssen. Geben Sie ihm keine Nahrung mehr!

Jedes Mal, wenn sich Ihr Angstelemental in Ihre Gedanken einschleichen will, entlarven Sie es. Sagen Sie: »Stop, ich habe dich erkannt. Du hast keine Chance!” Seien Sie streng, denn nur dann wird sich Ihr Elemental zurückziehen.

Vermeiden Sie möglichst Situationen und Dinge, bei denen Sie wissen, daß sie Angst erzeugen. Wenn Sie zum Beispiel unter Angst vor Krankheit leiden, lesen Sie bitte keine medizinischen Berichte in Illustrierten und Zeitungen. Haben Sie Angst vor Katastrophen, sollten Sie keine Nachrichtensendungen anschauen.

Umgeben Sie sich mit schönen Dingen. Machen Sie sich wieder einmal selbst eine Freude. Hören Sie Musik, die Ihnen gefällt; gehen Sie hinaus in die Natur, und atmen Sie bewußt die frische Luft ein. Erfreuen Sie sich an einem Schmetterling, wie früher, als Sie noch ein Kind waren. Können Sie sich noch daran erinnern? Wenn Sie gerne tanzen, nehmen Sie die nächste Gelegenheit dazu wahr.

Tip: Unterstützende Steine

Tragen Sie einen Jaspis, möglichst in der Hosentasche und einen Bernstein, der in Höhe des Solarplexus, der Magengrube, hängen sollte.

Der Jaspis wird Ihnen dabei helfen, mit beiden Beinen im Leben zu stehen. Er harmonisiert Ihr Wurzelchakra und sorgt für eine gute Erdung.

Der Bernstein stärkt Ihr Selbstvertrauen, gibt Ihnen Lebensfreude und schützt Sie vor negativen Einflüssen. Außerdem ist der Bernstein ein großer universeller Heilstein (genau genommen ist er kein Stein sondern Millionen Jahre altes Baumharz), der bei allen Leiden unterstützt. Besonders gut kann er bei Magenleiden wirken, die übrigens oft in direktem Zusammenhang zu unbewußten Ängsten stehen.

Bernstein ist das im Wassertropfen gefangene Sonnenlicht. Wenn Sie die Möglichkeit haben, ein Aurafoto von sich machen zu lassen – einmal mit und einmal ohne getragenen Bernstein –, werden Sie den Unterschied in den Aurafarben sehen können.

Übung: Affirmationen

- Suchen Sie sich einen dieser Affirmationssätze aus, und sprechen Sie ihn an 21 Tagen täglich 21mal:

- Ich bin vollkommen gesund.
- Der Kosmos sorgt für mich. Alles ist gut.
- Ich lebe jetzt glücklich und zufrieden.
- Ich freue mich jeden Tag von neuem, daß ich lebe.
- Ich übernehme jetzt mit Freude die Verantwortung für mein Leben.
- Ich liebe mich.
- Ich fühle mich sicher und geborgen.
- Täglich fließt mehr und mehr Lebenskraft in mich hinein.
- Ich bin eins mit der Schöpfung.
- Ich blicke voll Zuversicht in die Zukunft.

Rituale zum Überwinden Ihrer Ängste

Das Schnurritual

- Zünden Sie eine weiße, gesegnete Kerze an.
- Beten Sie das »Vater unser« oder den Psalm 23.
- Nehmen Sie einen schwarzen Wollfaden.
- Knoten Sie in diesen ihre Ängste hinein. Nutzen Sie dabei alle Ihnen zur Verfügung stehenden Emotionen.
- Stellen Sie sich bei jedem Knoten, den sie zuziehen, vor, wie ein Teil Ihrer Ängste darin gefesselt wird.
- Wenn Sie alle Ängste eingeknotet haben, nehmen Sie eine Schere und sprechen laut und bestimmt:

»Ich trenne mich nun für alle Zeit von euch. Ihr könnt mich nicht mehr schrecken".

- Dabei schneiden Sie den Wollfaden zwischen den Knoten durch. Stellen Sie sich bildlich vor, wie Sie die Verbindungsschnur zu Ihrem Angstelemental durchschneiden und so dem Elemental jede Möglichkeit nehmen, sich noch einmal in Ihr Bewußtsein einzuschleichen. Sie hungern jetzt Ihr Elemental aus.
- Zuletzt verbrennen Sie die zerschnittene Wolle in einem feuerfesten Gefäß und spülen die Asche zur Bekräftigung die Toilette hinunter.

Ganz wichtig:

- Sie haben nun etwas beseitigt. Dadurch ist ein Leerraum entstanden, den Sie unbedingt wieder füllen sollten.

Füllen Sie diesen nicht bewußt mit einer Eigenschaft Ihrer Wahl, wird er sich selbst füllen – wahrscheinlich wieder mit Angstschwingungen. Schreiben Sie nun eine positive Eigenschaft Ihrer Wahl auf ein weißes Blatt Papier, zum Beispiel: »Vertrauen ins Leben" oder »Lebensfreude". Bitten Sie die geistige Welt darum, Sie mit dieser positiven Schwingung aufzufüllen. Verbrennen Sie den Wunschzettel, indem Sie ihn an Ihrer weißen Kerze entzünden, und stellen Sie sich dabei vor, wie der Rauch beim Aufsteigen Ihren Wunsch verwirklicht.

- Streuen Sie die Asche nun in alle vier Himmelsrichtungen (im Freien).
- Bedanken Sie sich bei der geistigen Welt für die Unterstützung, die Ihnen gewährt wurde, und lassen Sie die weiße Kerze möglichst vollständig abbrennen.

Falls Ihnen dies aus Zeitgründen nicht möglich sein sollte, löschen Sie die Kerze mit einem Kerzenlöscher oder indem Sie den Docht kurz ins flüssige Wachs tauchen.

Blasen Sie niemals eine Ritualkerze aus, da sich das zuvor im Ritual angesammelte Kraftfeld zerstreuen könnte! Verwenden Sie die Kerze zu keinem anderen Zweck.

- Führen Sie dieses Ritual an neun aufeinanderfolgenden Tagen aus.

Eine günstige Zeit, um negative Eigenschaften los zu werden, ist der abnehmende Mond. Niemals wählen sollten Sie die Phase des Neumonds, da dieser in seiner Energie sehr problematisch ist und die Gefahr bestünde, daß Ihr Ritual scheitert und sich ungewollt ins Gegenteil verkehrt.

Ritual mit der lilafarbenen Kerze

- Beten Sie das »Vater unser« oder den Psalm 23.
- Entzünden Sie eine weiße, gesegnete Kerze.
- Reiben Sie eine lila Kerze mit ätherischem Nelkenöl ein.
- Segnen Sie nun diese Kerze ebenfalls.
- Sprechen Sie den Psalm 23.
- Schreiben Sie alle Ängste, die sie loswerden wollen, mit einem lila Stift auf ein weißes Blatt Papier.
- Entzünden Sie die lila Kerze an der weißen Kerze.
- Spucken Sie zur Bekräftigung dreimal auf das Papier und entzünden es an der lila Kerze.
- Beim Verbrennen stellen Sie sich vor, wie nun all Ihre Ängste im Feuer vernichtet werden.

- Schreiben Sie auf ein weißes Papier die positiven Eigenschaften, die nun diesen leer gewordenen Platz einnehmen sollen. Verbrennen Sie diesen Wunschzettel an der weißen Kerze, mit der Bitte an die geistige Welt, diesen Wunsch zu erfüllen.
- Bedanken Sie sich nun bei der geistigen Welt für die Begleitung und Unterstützung bei diesem Ritual.

- Auch dieses Ritual sollte an neun aufeinanderfolgenden Tagen durchgeführt werden.

Engelsbrief

Auch der Engel Rehael kann Ihnen beim Überwinden Ihrer Ängste behilflich sein. Er ist verbunden mit dem Psalm 30,11:

Höre mich, Herr, sei mir gnädig! Herr, sei du mein Helfer!

- Beten Sie das »Vater unser« oder den Psalm 23.
- Segnen Sie eine weiße Kerze, und entzünden Sie diese als Symbol für den göttlichen Willen.
- Ritzen Sie den Namen Rehael und dessen Siegel in eine hellblaue Kerze.
- Segnen Sie die hellblaue Kerze, und entzünden Sie diese an der weißen Kerze zu Ehren des Engel Rehael.
- Schreiben Sie Rehael einen Brief auf Pergamentpapier mit einem hellblauen Stift. Formulieren Sie mit eigenen Worten Ihre Bitte um die Auflösung Ihrer Ängste.
- Beten Sie dreimal aus ganzem Herzen den Psalm 30,11.
- Rufen Sie dreimal den Namen Rehael.
- Tragen Sie ihm nun Ihre Bitte um die Auflösung Ihrer Ängste vor.
- Entzünden Sie Ihren Brief an der hellblauen Kerze und lassen ihn in Ihrem Wunschkessel verbrennen.
- Beim Aufsteigen des Rauchs stellen Sie sich vor, wie alle Ihre Ängste davongetragen werden.

Bedanken Sie sich nun bei der geistigen Welt für ihre Hilfe, indem Sie eine goldene oder weiße Kerze auf Ihrem Altar brennen lassen. Ein schöner Blumenstrauß wäre ebenfalls ein geeignetes Zeichen Ihres Dankes. Wiederholen Sie dieses Ritual an neun aufeinander folgenden Tagen.

Siegel des Engel Rehael

Krankheit

Was macht uns krank?

Unsere Gesundheit gilt als unser höchstes Gut. Was tun wir nicht alles, um uns gesund zu halten. Die Fitnessstudios schießen wie Pilze aus dem Boden. Sauna, Thermalbäder und Wellnesskuren lassen wir uns gern etwas kosten. Nie waren die Menschen so oft im Urlaub wie zur Zeit. Es werden riesige Summen für Vitaminpräparate und Nahrungsergänzungsmittel ausgegeben. Und doch waren noch nie so viele Menschen krank.

Wie definieren wir Gesundheit? Gesundheit ist die Abwesenheit von Krankheit. Wir erleben uns als gesund, wenn wir uns vital fühlen, leistungsfähig sind, unser Körper alles mitmacht, wozu wir ihn benutzen möchten.

Stellen wir uns unseren Körper einmal als unser Auto vor. Wir erwarten von unserem Auto, daß es störungsfrei eine große Strecke, sagen wir mal in den Urlaub, zurücklegen kann. Bevor wir losfahren, überprüfen wir den Reifendruck, den Ölstand und tanken voll. Sollten wir an unserem Auto seltsame Geräusche wahrnehmen, oder sollte der Motor nicht gleich anspringen, verlieren wir Öl, oder die Elektronik blinkt alarmierend, sind wir sofort beunruhigt. Wir bringen das Auto in die Werkstatt, um die Ursache zu beheben.

Was aber machen wir mit unserem Körper, wenn Kopfschmerzen auftreten? Wir schlucken eine Schmerztablette. Bei Fieber nehmen wir fiebersenkende Zäpfchen, bei einer Erkältung Antibiotika. Wenn wir unser Arbeitpensum nicht bewältigen können, behelfen wir uns mit Aufputschmitteln (Kaffee, Tee, Tabletten), und bei seelischer Unausgewogenheit greifen wir zu Alkohol oder Psychopharmaka. Eines aber fragen wir uns nicht: Wo kommt denn diese Störung her? Wo liegt ihre Ursache?

Blinkt bei unserem Auto die Ölstandsanzeige, entfernen wir doch auch nicht das rot blinkende Lämpchen. Nein, natürlich nicht – wir kontrollieren den Ölstand und füllen Öl nach. »Aber wo liegt denn die Ursache meiner Krankheit?« werden Sie jetzt vielleicht fragen, und kaum einen Atemzug später hinzufügen: »Das kann man doch gar nicht wissen!« Bei manchen Krankheiten ist es ganz einfach, ihre Ursache zu erkennen. Klassisch ist etwa die folgende Situation:

Sie arbeiten viel zu viel. Sie treiben sich an, um auch noch das letzte bißchen Leistungsfähigkeit aus sich herauszupressen. Sie stehen unter Termindruck – und ausgerechnet jetzt bekommen Sie einen grippalen Infekt mit Fieber und allem, was dazu gehört. Warum? Die Antwort ist leicht: Ihr wahres Wesen, ihre eigene übergeordnete göttliche Instanz – außerhalb jeglicher weltlicher Verstrickung –, veranlaßt Ihr Unterbewußtseins, eine Vollbremsung einzulegen. Der Körper wird zwangsweise lahm gelegt, da Sie selbst nicht vernünftig mit Ihren Kräften gewirtschaftet haben. Aber was tut der unvernünftige Mensch? Er kann es sich nicht erlauben, krank zu sein. Der Arbeitsplatz ist in Gefahr, der Auftrag geht vielleicht verloren, oder die Kollegen sind sauer, wenn sie zusätzliche Arbeit übernehmen müssen. Also geht man in die Apotheke. Da gibt es ja mittlerweile gegen jedes Symptom ein Mittel, und der Zweck heiligt ja bekanntlich die Mittel. Die Tabletten werden »eingeschmissen«, die Arbeitskraft bleibt erhalten. Die positive Funktion der Krankheit, nämlich das zwangsweise Kürzertreten (das der Körper jetzt dringend gebraucht hätte), wurde schamlos ignoriert. So geht das dann ein paar Jährchen »gut«, bis plötzlich – wie aus heiterem Himmel – das Herz streikt – Herzinfarkt.

Ein anderes Beispiel ist die fürsorgliche, liebevolle, aufopfernde Mutter und Ehefrau, die immer auf Harmonie bedacht ist, ihre Wut und Ihren Ärger, den Sie manchmal auf Ihren Ehegatten hat, geflissentlich verbirgt, sich aber ständig ausgenutzt fühlt. Alle wollen etwas von ihr, aber keiner fragt dabei, wie es ihr geht. Sie ist nun 45 Jahren, die Kinder sind aus dem Gröbsten heraus, finanziell steht die Familie gut da – das Leben könnte jetzt so richtig angenehm werden. Doch da bekommt die aufopfernde Frau Brustkrebs. Und die Nachbarn können gar nicht verstehen, wie eine so »liebe« Frau so bestraft werden kann. Ja, in der Tat wurde diese Frau bestraft. Sie hat sich selbst bestraft. Durch jahrelange destruktive Gedanken (keiner achtet mich, ich werde ständig ausgenutzt und so weiter) haben Ihre Zellen destruktive, zerstörerische Form angenommen.

Doch es gibt auch Krankheiten, deren Ursache in der Tat nicht so ohne Weiteres erkannt werden können. Dazu gehören etwa Verstrickungen im Familienverband. Ein Familienmitglied übernimmt zum Beispiel unbewußt und aus Liebe die karmische Last eines anderen. Solche Verstrickungen können durch Familienstellen nach Hellinger erkannt und in vielen Fällen aufgelöst werden. Auch Ursachen, die man in früheren Leben gesetzt hat, können jetzt ihre Auswirkungen haben. Derlei darf man nicht als strafendes Karma begreifen, sondern als natürliche Folge einer ursächlichen Handlung. Im Klartext bedeutet das: Ich habe etwas in Gang gesetzt, das jetzt wirkt – auch wenn ich von der ursächlichen Handlung nichts mehr weiß.

Äußere Einwirkungen wie falsche Ernährung, Erdstrahlen und Elektrosmog machen auf Dauer ebenfalls krank.

Krank durch Nahrungsmittel

Spätestens seit es Lebensmitteldesigner gibt, geht es nicht mehr darum, möglichst schonend zubereitete Lebensmittel zu verkaufen, sondern solche, die im Geschmack dem Naturprodukt möglichst ähnlich sind, wenn sie nicht sogar besser zu schmecken versuchen. So soll beispielsweise erreicht werden, daß Kinder einen gekauften Himbeerjoghurt einem Naturjoghurt mit echten Gartenhimbeeren vorziehen. Schon lange ist das, nach was ein Produkt schmeckt oder aussieht nicht unbedingt identisch mit den Inhaltstoffen. Die künstlichen Aromastoffe, die wir klein gedruckt auf der Packung wiederfinden, können wir noch in die »Chemieschublade« einordnen. Bei natürlichen Aromen denken wir uns jedoch schon nichts Böses mehr. Ein natürliches Erdbeeraroma ist jedoch keine Erdbeere, sondern geraspeltes und dementsprechend behandeltes Holz. Unsere Sinne werden getäuscht und verwirrt. Gewürze sind bestrahlt, Obst begast, damit es länger hält. Lange Listen mit E-Nummern verraten, daß unserer Nahrung noch mehr zugesetzt wurde. Tiere werden mit Antibiotika gefüttert, so daß viele Menschen durch regelmäßigen Verzehr von Fleisch, Eiern und Milchprodukte immun gegen Antibiotika werden. In Deutschland sterben allein 40000 Menschen jährlich an Antibiotika-Resistenz. Es wird uns jedoch nicht erklärt oder davor gewarnt, daß dies gesundheitsschädigend sein könnte. Viele Zusatzstoffe müssen zudem nicht einmal deklariert werden. Müßte da nicht auf jeder Packung stehen:

DAS GESUNDHEITSMINISTERIUM WARNT:
DIE IN DIESER PACKUNG ENTHALTENEN
STOFFE GEFÄHRDEN IHRE GESUNDHEIT.

Krank durch Erdstrahlen

Geophatische (krank machende) Störfelder wirken tief aus der Erde auf uns ein. Sie sind unsichtbar und ihre Einwirkung auf Mensch, Pflanze und Tier schwer vorstellbar. Aber schon vor Jahrtausenden wußten die Menschen um die unterirdischen Kräfte und orteten sie mit der Wünschelrute. Nach genauen Messungen wurden Wohnhäuser, Kraftplätze und Kirchen gebaut. Bereits 2000 vor Christus erließ der chinesische Kaiser Jü ein Gesetz, nach dem alle Bürger verpflichtet wurden, ihren Baugrund radiästhetisch untersuchen zu lassen. Auch heute noch ist die gute, alte Wünschelrute das Mittel der Wahl. Noch immer ist es nicht möglich, mit technischen Geräten alle Störfelder zu messen.

Ein ausgebildeter Wünschelrutengänger (Radiästhesist) findet unterirdische Wasseradern, Verwerfungen, Currygitter, Hartmanngitter, Zehnmetergitter und sogenannte Schlote. Dies sind erdmagnetische Felder, die auf den Menschen eine krank machende Wirkung haben können.

Besonders wenn sich mehrere dieser Felder am Schlafplatz oder Arbeitsplatz (Aufenthaltsorte von mehreren Stunden täglich) kreuzen, kann dies innerhalb kurzer Zeit zu gesundheitlichen Beeinträchtigungen führen. Hyperaktivität, Schulversagen, chronische Müdigkeit, Depressionen, unerklärliche Kinderlosigkeit, Unterleibsprobleme und Migräne können genauso dazu zählen wie auch Fehlgeburten, plötzlicher Kindstod und Krebs.

Kleine Kinder versuchen, der Störstelle im Bett auszuweichen. Sie »wandern« nachts im Bett. Auch Tiere sind strahlenfühlig. Hunde legen sich, soweit sie ihren Lieblingsplatz selbst aussuchen dürfen, stets auf störungsfreie Zonen, während Katzen »Strahlensucher« sind. Sie laden sich auf Störzonen auf. Auch »Ameisenstraßen« in der Wohnung können ein Indikator für Strahlenbelastung sein. Einige Pflanzen, wie zum Beispiel

Brennesseln und manche Bäume, lieben ebenfalls die geophatischen Strahlungen, andere werden an solchen Standorten krank und verkümmert.

Straßen, auf denen es häufig zu Unfällen kommt, sind meist strahlenbelastet. Auf diesen Streckenabschnitten kommt es dann beim Autofahrer zu Unkonzentriertheit und Müdigkeit.

Elektrosmog

Fernsehgeräte im Schlafzimmer, Radiowecker am Bett, Dauerbelastung durch pulsierenden Wechselstrom in der Wohnung verursachen im Takt der Niederfrequenz eine Vibration der Wasser- und anderer Moleküle im Körper. Die natürlichen elektromagnetischen Ströme des Körpers verändern sich. Hinzu kommen die neuen technischen Errungenschaften unserer Zeit – die Handys.

Heutzutage ist unter seriösen Wissenschaftlern die Schädlichkeit von Mobilfunkbelastung durch Sendemasten, Handys und kabellose Telefone unbestritten. Erhöhtes Krebsrisiko, Tinnitus, »Gentoxizität«, Verminderung der Melatoninbildung im Gehirn mit der Folge von Erschöpfung, Schlaflosigkeit, Immunschwäche und anderes entstehen oft durch Mikrowellen- und Hochfrequenzbelastung.

Viele dieser Beschwerden können durch das Eliminieren dieser Strahlenbelastungen in der Wohnung beseitigt werden. Ein Netzfreischalter ist eine dieser Möglichkeiten.

Sollten Sie unter Gesundheitsstörungen leiden, sollte zuerst an einen gestörten Schlafplatz und Elektrosmog gedacht werden. Wenden Sie sich an einen gut ausgebildeten, erfahrenen Radiästhesisten (Vermittlungsadresse am Ende des Buches). Seien Sie vorsichtig bei Billigangeboten zum Ausmessen Ihrer Wohnung. Meist werden teure Entstörgeräte verkauft, anstatt einen gesünderen Schlafplatz zu suchen.

Wege zur Heilung

Versinken Sie bitte aufgrund unserer kritischen Anmerkungen nicht in Hoffnungslosigkeit. Es gibt immer Wege, die zu beschreiten vielleicht ein Umdenken, Mut zum Anderssein und Eigenverantwortung erfordern, die Ihnen aber auch ein neues Lebensgefühl, einen tieferen Sinn Ihrer Existenz vermitteln können. Auf diesem Weg möchten wir Sie ein Stück begleiten, möchten den einen oder anderen Gedankenanstoß geben und zum Handeln auffordern.

Es gibt keine Patentrezepte. Jeder Mensch ist anders, und wir möchten nicht den Finger mahnend erheben, was Sie so alles falsch gemacht haben könnten. Auch Sie sollten das nicht mit sich selbst tun. Akzeptieren Sie, daß alles, was für Sie bis zu diesem Zeitpunkt richtig und wichtig war, dazu diente, um jetzt im Leben an einen Punkt zu kommen, an dem Sie vielleicht für sich entscheiden, eine andere Richtung einzuschlagen. Für das Einschlagen einer neuen Richtung im Leben ist eine Krankheit oft wegweisend und somit nichts Schlechtes. Wenn Sie dies aus tiefstem Herzen als richtig empfinden, ist Heilung möglich. Sie allein sind der Architekt und Baumeister Ihres Körpers und Ihrer Gesundheit. Wenn ein Mensch eine – nennen wir es einmal »psychische Fehlsteuerung« hat, ist die Wahrscheinlichkeit einer ausbrechenden Krankheit sehr groß. Die Krankheit ist eine Idee, ein unvollkommener Gedanke, gekoppelt an eine Emotion, der sich im Laufe der Zeit als energetisches Kraftfeld verdichtet und erst nach langer Zeit so mächtig wird, daß er es vermag, die Körperzellen zu beeinflussen und zu verändern. Als Resultat entsteht im schlimmsten Fall ein Krebs.

»Einfach herausschneiden«, würde vielleicht ein Mediziner sagen. Unserer Meinung nach ist eine Heilung nur möglich, wenn wir die Fehlsteuerung auf der Gedanken- und Gefühlsebene korrigieren. Sicherlich ist die Operation eines Tumors in vielen Fällen notwendig. Doch wird die fehlerhafte Idee so nicht korrigiert, bricht der Tumor an irgendeiner Stelle des Körpers erneut aus. Er ist ja nicht die Krankheit selbst, sondern nur ihr sichtbarer Ausdruck, der herausgeschnitten wird.

Derjenige, der seine Gedanken, seine Lebenseinstellung und seine Gewohnheiten rechtzeitig umstellt, der seine Ängste, Hoffnungslosigkeit und seine Zweifel überwindet und es lernt, dem Leben und seiner eigenen göttlichen Instanz zu vertrauen, wird Heilung erfahren.

Heilung kann nicht eintreten, wenn die Krankheit zum Lebensinhalt des Erkrankten geworden ist. Würde sie dann mit einem Male genommen, so sähe der Kranke unter Umständen keinen Lebenssinn mehr, und es bestünde die Gefahr, daß er sich dann erst recht zerstören würde.

Jede noch so kleine Krankheit ist ein Hilfeschrei der Seele, ist ein Notschrei, daß etwas nicht stimmt und geändert werden sollte. Es gibt jedoch Seelen, die mit einem schweren körperlichen oder geistigen Mangel geboren werden, um ihre Eltern, den Geschwistern oder dem Umfeld bestimmte Dinge zu lehren. Diese Familien werden lernen, sich ganz bewußt mit dem Sinn des Lebens auseinandersetzen.

So können Sie sich helfen

Den Umweltbelastungen können wir leider nicht ganz entgehen. Durch eine gesunde biologisch angebaute Nahrung und Nahrungsmittel aus tiergerechter Haltung verhelfen wir jedoch uns, aber auch unserer Mutter Erde zu mehr Lebensqualität. Auch diese Lebensmittel sind bedauerlicherweise nicht völlig schadstofffrei, jedoch energetisch um vieles hochwertiger. Denn was unser Körper und unser Energiesystem wirklich zum Leben braucht, sind nicht die Vitamine oder Spurenelemente, sondern die Lichtkraft, die in jeder Zelle des Lebensmittels vorhanden ist. Einige Yogis, aber auch immer mehr spirituell ausgerichtete »Westler« sind in der Lage, diese Lichtkraft direkt aus der uns umgebenden Energie zu absorbieren, ohne Nahrung aufnehmen zu müssen. Diese Menschen leben viele Jahre vital und gesund ohne jegliche Nahrungsaufnahme. Diese Lichtkraft kann man mittlerweile technisch messen. Jeder von uns ist in der Lage, auf ganz einfache Art und Weise diese Lichtenergie zu verstärken. Anschaulich zeigte uns dies Dr. Masaru Emoto aus Japan, der Wasserkristalle von unterschiedlicher Wasserqualität fotografierte. Dabei stellte er fest, daß stark verschmutztes oder gechlortes Wasser keine Kristalle mehr bilden konnte. Gutes Quellwasser jedoch zeigte wunderschöne, harmonische Wasserkristalle. Wurde nun das schlechte Wasser in den Probeschalen mit positiven Worten wie »Liebe« und »Dankbarkeit« oder mit einem Gebet besprochen, bildeten sich wieder Kristalle von faszinierender Schönheit. Umgekehrt beschriftete Emoto einige Wasserproben mit destruktiven Worten wie »Dummkopf« oder »Ich bringe dich um«– Und siehe da: Das Wasser nahm unter dem Mikroskop disharmonische, hässliche Formen an. Für diese Versuche müssen wir Dr. Emoto sehr dankbar sein, zeigen sie uns doch bildlich die Macht des Wortes, um die die Hermetiker aller Zeiten gewusst haben. Bei einer Allergikerin machte ich gemeinsam mit meinem aurasichtigen Mann folgenden Versuch:

Die Klientin nahm nacheinander verschiedene Lebensmittel, Kosmetika und Medikamente in die Hand. Produkte, gegen die sie allergisch reagierte, schwächten sichtbar ihre Aura und ließen das Energiefeld unruhig flattern. Bei verträglichen Produkten blieb die Aura stark, und bei für sie besonders gesundheitsfördernden Produkten verstärkte sich ihr Energiefeld und bekam neue, leuchtende Farben hinzu. Als nächsten Schritt gaben wir ihr ein unverträgliches Lebensmittel in die Hand. Ohne meinen Mann oder die Klientin davon in Kenntnis zu setzen, was ich vor habe, legte ich nacheinan-

感
謝

Danke

Liebe

der unterschiedlich beschriftete Papierzettel, die ich gemischt hatte, verdeckt zum unverträglichen Lebensmittel dazu. Auch ich selbst wußte nicht mehr, was auf den jeweiligen Zetteln stand. Bei einigen Zetteln veränderte sich nichts. Zwei beschriftete Zettel jedoch ließen die Aura stark und ruhig werden. Bei einem Zettel handelte es sich um die Wortwahl des Dr. Emoto; »Liebe« und »Dankbarkeit«, die auch er als am stärksten positiv verändernd auf seine Wasserkristalle feststellte. Auf dem zweiten Zettel stand: »Ich bin göttlich.«

Die nun folgenden Vorschläge zur Erhaltung oder Rückgewinnung von Gesundheit ersetzen keinen Arzt oder Heilpraktiker, sondern dienen als sinnvolle Ergänzung zu herkömmlichen Therapien.

Erste Schritte zu Gesundheit und Wohlbefinden

Wasser

Besorgen Sie sich im Wald (auf der Gemeinde anfragen) gutes Quellwasser, möglichst in Glasbehältern (es gibt Leute, die bis zu einer Stunde zu »ihrer« Quelle fahren). Das Wasser kann mindestens zwei Wochen problemlos gelagert werden. Wir haben auch schon sechs Wochen altes Wasser getrunken. Es war in keiner Weise schlecht geworden.

- Füllen Sie das Wasser mit einem Gefühl der Dankbarkeit für dieses Geschenk ab. Sie können auch ein Gebet beim Abfüllen sprechen.
- Beschriften Sie diese Glasbehälter mit den Worten »Liebe« und »Dankbarkeit«.
- Trinken Sie täglich zwei Liter dieses hochwertigen Wassers, um Ihre körpereigene, kristalline Harmonie zurückzuerhalten.
- Benutzen Sie dieses Wasser auch zum Kochen. Unser Leitungswasser ist nur zum Duschen, aber nicht zum Trinken

geeignet. Es hat in der Regel zwischen 1000 und 3000 Boviseinheiten (Boviseinheit – in eine Messskala eingeteilte Wertung der Lebensenergie nach dem Physiker Bovis). Es müßte, um einen energetischen Nutzen für uns zu haben, mindestens 7000 Boviseinheiten aufweisen. Gutes Quellwasser hat meist um die 15 000 Boviseinheiten, was durch Segnen, Gebete und Beschriften mit positiven Worten um ein Vielfaches erhöht wird.

- Entgiften Sie sich mit einer Sole-Trinkkur mit Himalaya-Kristallsalz (im Zweifelsfall den Arzt vorher fragen!). Literaturempfehlung hierzu finden Sie am Ende des Buches. Was Sie jetzt zusätzlich von uns erfahren, finden Sie nicht in der Anweisung zur Sole-Trinkkur:
- Bevor Sie die Salzkristalle in Ihr gutes, mit »Liebe« und »Dankbarkeit« *programmiertes* Quellwasser einlegen, um die Sole herzustellen, halten Sie beide Hände mit den Handflächen zum Salz gerichtet.
- Atmen Sie dreimal tief ein und aus, blicken auf das Salz und sprechen dann cirka zehn Minuten lang, je nach Ihrer Glaubensausrichtung, einen der folgenden Sätze:

Christlich:

- Sprechen Sie folgenden Psalm 106,1:

Danket dem Herrn, denn er ist gütig.
Seine Huld währet ewiglich.

Dies ist ein christliches Heilsmantra. Durch das ständige Rezitieren dieses Psalm sind Sie mit dem Heilerengel Habuiah verbunden. Die Psalme sind eine religiöse Liedersammlung zum Lobpreis Gottes aus dem alten Testament. Sie wurden von den frühen Christen in lateinischer Sprache als Stundengebete gesprochen oder gesungen.

Buddhistisch:

Das Hundert-Silben-Mantra des Vajrasattva (siehe: Kapitel Karma) kann zur Reinigung des Körpers, des Geistes und der Emotionen verwendet werden.

Das Hundert-Silben-Mantra – Reinigungs-Mantra von Vajrasattva:

OM BENZA SATVA SAMAJA
MANU PALAJA
BENZA SATVA TENOPA
TISCHTA DRIDHO ME BHAVA
SUTO KHAJO ME BHAVA
SUPO KHAJO ME BHAVA
ANU RAKTO ME BHAVA
SARVA SIDDHI MEM PRAJATSA
SARVA KARMA SUTSA ME TSITTAM SCHIRJA
KURU HUNG
HAHA HAHA HO
BHAGAVAN SARVA TATAGATA
BENZA MA ME MUNTSA
BENZA BHAWA
MAHA SAMAJA SATWA AH

Das Aufwerten und Energetisieren von Lebensmitteln

- Streichen Sie auf allen Lebensmitteln (ebenso Kosmetika und Medikamente!) den Barcode mit zwei Strichen durch. Damit wird die negative Schwingung, die davon ausgeht, unwirksam. Der Barcode schwächt das Energiefeld und umgibt es mit einem Grauschleier.
- Schreiben Sie auf alle Lebensmittelverpackungen (Kosmetika und Medikamente!) »Liebe« und »Dankbarkeit«.

Bei den nordamerikanischen Hopi Indianern trägt die Frau die Verantwortung für die Gesundheit der Familie, denn sie ist es, die die Nahrung zubereitet. Die emotionale Verfassung, in der sie während der Zubereitung des Essens ist, bestimmt die energetische Qualität der Speisen. Sie wird deshalb stets darauf bedacht sein, während der Zubereitung in einer ausgeglichenen, positiven Stimmung zu sein und Gebete ins Essen sprechen. Auch wir sollten uns darüber bewußt sein, daß unser Essen nicht nur Nährstoffe, sondern in erster Linie Informationen in Form von Licht überträgt, die sowohl unser körperliches, wie auch unser geistig-seelisches Wohlbefinden beeinflussen. Des Öfteren habe ich bemerkt, daß ich in manchen Restaurants das Essen nicht gut vertrage, obwohl es hervorragend zubereitet war. Dies scheint mir an den Köchen zu liegen, die zwar fachlich sehr kompetent, jedoch entweder ohne Freude ihrer Arbeit nachgehen, oder aber selbst große, eigene Probleme haben, deren destruktive Schwingungen dann auf das Essen übertragen werden. Mit diesem Wissen sollte es uns selbstverständlich sein, für eine harmonische, liebevoll zubereitete Nahrung zu sorgen. Während des Kochens können Sie harmonische Musik (kein Techno) erklingen lassen, selbst ein erbauliches Liedchen trällern oder ein Gebet oder Mantra rezitieren.

Christlich:

DONA NOBIS PACEM
(lat.: Gib uns Frieden)

Dies ist eine Anrufung aus dem Agnus Dei, und sie kann gesungen oder gesprochen werden. Die Energie des Lebensmittels wird sofort aktiviert und fließt um ein Vielfaches lebendiger. Helles Licht mit einem zarten Roséton vergrößert die Abstrahlung (Aura).

Buddhistisch:

OM MANI PADME HUM

oder tibetisch:

OM MANI PEME HUNG

Dies ist das älteste und wohl am häufigsten verwendete Mantra. Viele Buddhisten rezitieren es täglich. Es ist das Mantra des Buddhas des Mitgefühls »Boddhisattva Avalokiteshvara« – tibetisch »Chenresig«. In China wird er als »Kuan Yin« und in Japan als »Kannon« verehrt. Chenresig drückt die Liebe zu allen Wesen aus, verbunden mit dem Wunsch nach Höherentwicklung und Erlösung zum Wohle aller. Es heißt, wer dieses Mantra täglich 100 000mal spricht, würde zum Yogi werden. Es öffnet das Herz und verbindet den Rezitierenden mit dem Göttlichen. Auch hier wird die Energie sofort aktiver und vitaler, vergrößert sich, und hellblau und rosa kommen hinzu.

(Dies sind meine eigenen Beobachtungen, wenn ich die Lebensmittel segne. Bei jemand anderem können durchaus leichte Abweichungen zu sehen sein.)

- Gönnen Sie sich einmal pro Woche ein Salzbad, um sich energetisch zu reinigen und körperlich zu entschlacken. Geben Sie in eine volle Badewanne 500g Salz vom Toten Meer. Sprechen Sie 15 Minuten lang, während Sie im Wasser liegen, entweder:

Christlich:

Psalm 23:

Der Herr ist mein Hirte
Nichts wird mir fehlen
Er läßt mich lagern auf grünen Auen
Und führt mich zum Ruheplatz am Wasser
Er stillt mein Verlangen
Er leitet mich auf rechten Pfaden
Treu seinem Namen
Muß ich auch wandern in finsterer Schlucht
Ich fürchte kein Unheil
Denn du bist bei mir
Dein Stock und dein Stab geben mir Zuversicht
Du deckst mir den Tisch vor den Augen meiner Feinde
Du salbst mein Haupt mit Öl
Du füllst mir reichlich den Becher
Lauter Güte und Huld werde mir folgen ein Leben lang

oder

Buddhistisch:

Der Neunfache Atem wird vor dem Salzbad durchgeführt (dauert ungefähr fünf Minuten). In der Badewanne können Sie dann das Mantra :

OM AH HUM

rezitieren.

Der Neunfache Atem

Die nachfolgend beschriebene Übung dient der Reinigung und des Ausgleichs der Elemente. Dies ist sowohl auf der körperlichen und vitalen Ebene zu verstehen als auch der psychisch-emotionalen Ebene. Diese Art der Elementereinigung stammt aus uraltem tibetischem Wissen um die feinstofflichen Kanäle im menschlichen Körper- und Energiesystem und ist trotz der Einfachheit von neun Atemzügen äußerst kraftvoll. Von den Ati-Yogis, den Dzogchenpas, wird diese Übung auf ähnliche Art und Weise täglich, vor jeder Meditations- oder Tantrapraxis durchgeführt. Machen Sie diese Übung morgens direkt nach dem Aufstehen und abends vor dem Insbettgehen.

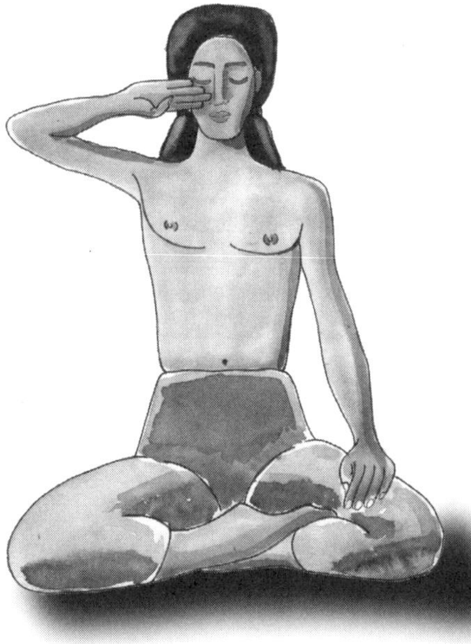

- Nehmen Sie eine bequeme Meditationshaltung mit möglichst geradem Rücken ein.
- Legen Sie Ihre Hände in den Schoß, die linke Hand über der rechten, Handflächen nach oben hin geöffnet.
- Neigen Sie den Kopf etwas nach vorne, so daß auch die Halswirbelsäule gerade ist.
- Visualisieren Sie nun die drei Kanäle in Ihrem Körper. Der Zentralkanal ist blau, der rechte Nebenkanal ist bei Männern weiß, bei Frauen rot. Der linke Nebenkanal ist bei Männern rot und bei Frauen weiß.

1. Übung für Männer:

- Heben Sie die rechte Hand, wobei der Daumen auf das Wurzelgelenk des Ringfingers drückt. Schließen Sie das rechte Nasenloch durch leichten Druck mit dem Ringfinger und atmen Sie durch das linke Nasenloch grünes Licht ein.
- Gehen Sie mit Ihrer rechten Hand wieder zurück und drücken Sie auf gleiche Weise das linke Nasenloch mit dem linken Ringfinger zu.
- Atmen Sie nun aus dem rechten Nasenloch aus.
- Diese Übung wird dreimal wiederholt

1. Übung für Frauen:

- Heben Sie die linke Hand, wobei der Daumen auf das Wurzelgelenk des Ringfingers drückt. Schließen Sie das linke Nasenloch durch leichten Druck mit dem Ringfinger und atmen Sie durch das rechte Nasenloch grünes Licht ein.
- Gehen Sie mit Ihrer rechten Hand wieder zurück und drücken Sie auf gleiche Weise das rechte Nasenloch mit dem rechten Ringfinger zu.
- Atmen Sie nun aus dem linken Nasenloch aus.
- Diese Übung wird dreimal wiederholt.
- Stellen Sie sich beim jeweiligen Ausatmen hellblauen Rauch vor, der aus Ihrem Körper beziehungsweise aus dem weißen Kanal austritt und alles Negative, Hindernisse und Krankheitsenergien männlicher Herkunft darstellt, die Sie jetzt beim Ausatmen verlassen.

2. Übung für Männer und Frauen:

- Wiederholen Sie die Übung 1, indem Sie allerdings mit dem jeweils anderen Nasenloch beginnen. Also Männer rechts und Frauen links.
- Stellen Sie sich beim Ausatmen vor, wie aus dem roten Kanal rosafarbener Rauch ausgestoßen wird und mit ihm alle Hindernisse der weiblichen Energie Ihren Körper verlassen.

3. Übung für Männer und Frauen:

- Legen Sie die linke Hand über die rechte Hand in Ihren Schoß.
- Atmen Sie heilendes und harmonisches Regenbogenlicht durch beide Nasenlöcher gleichzeitig ein.
- Visualisieren Sie, wie es durch die beiden Nebenkanäle bis nach unten, vier Finger breit unter dem Bauchnabel fließt und dort in einer Einmündung in den Zentralkanal geführt wird.
- Beim Ausatmen lenken Sie das Regenbogenlicht durch das Innere des blauen Zentralkanals bis nach oben zur Scheitelöffnung (Fontanelle).
- Alles Negative, insbesondere durch negative Geistwesen verursachte Provokationen und Krankheitsprozesse, werden als schwarzer Rauch aus dem Zentralkanal und somit aus Ihrem Körper ausgestoßen. Beugen Sie bei den letzten drei Ausatmungen den Oberkörper jedesmal nach vorne weg. Dabei darf die Stirn gegebenenfalls auch den Boden berühren.

4. Übung für Männer und Frauen:

Nachdem Sie die neun Atemzüge durchgeführt haben, sprechen – noch besser singen – Sie folgendes Mantra zur Elementereinigung:

OM AH HUM, AE SHUTDI SHUDI A SVAHA
(blau, Begierde, Raum)
OM AH HUM, YAM SHUDTI SHUDIA SVAHA (grün, Zorn/Haß, Luft)
OM AH HUM, VAM SHUDTI SHUDI A SVAHA
(weiß, Unwissenheit, Wasser)
OM AH HUM, LAM SHUDTI SHUDI A SVAHA
(gelb, Stolz, Erde)
OM AH HUM, RAM SHUDTI SHUDI A SVAHA
(rot, Argwohn, Feuer)

Energetisieren der Nahrung

Energetisieren Sie Ihre tägliche Nahrung, indem Sie ein gemeinsames Tischgebet oder ein Mantra rezitieren. Halten Sie sich an den Händen, während Sie das Essen und sich selbst in eine höhere Schwingung versetzen.

Christlich:

OH GOTT VON DEM WIR ALLES HABEN;
WIR PREISEN DICH FÜR DEINE GABEN;
WIR PREISEN DICH, WEIL DU UNS LIEBST;
DRUM SEGNE AUCH, WAS DU UNS GIBST

Mit Kindern:

ERDE, DIE UNS DIES GEBRACHT;
SONNE, DIE ES REIF GEMACHT;
LIEBE SONNE; LIEBE ERDE
EUER NICHT VERGESSEN WERDEN.
(CHRISTIAN MORGENSTERN)

BROT VOM KORN; KORN VOM LICHT;
LICHT AUS GOTTES ANGESICHT;
FRUCHT DER ERDE
AUS GOTTES SCHEIN;
LASS LICHT AUCH WERDEN
IM HERZEN MEIN.
(M. TITTMANN)

Buddhistisch:

OM MANI PADME HUM

Spirituelles (geistiges) Heilen

Das spirituelle Heilen findet sich in allen Kulturen. Viele alte Schriften belegen das Wissen um die Übertragung von Heilenergien. Bereits vor 15 000 Jahren scheinen die Menschen das Heilen durch Handauflegen gekannt zu haben, wie Höhlenmalereien in den Pyrenäen bezeugen.

Es gibt sehr viele verschiedene Methoden, geistig, also mit höheren Kräften zu heilen. Gerne werden die erzielten Heilerfolge von den Skeptikern als Placebo-Effekt abgetan. Sie hätten gerne, daß Heilung durch zum Beispiel Handauflegen nur durch reine Einbildung möglich ist. Doch wer einige Erfahrung im Heilen sammeln konnte, weiß, daß dem nicht so ist.

Methoden der Heilung

Grundsätzlich kann man die Methoden folgendermaßen unterteilen:

Gebetsheilung

Die Gebetsheiler und Heilerinnen beten für den Erkrankten. Sie beschränken sich ausschließlich auf die Kraft der Gebete, ohne jemals das Resultat anzuzweifeln oder sich auch nur um dieses zu kümmern. Die Gebetsheiler haben absolutes Gottvertrauen, daß die Kräfte, die über das Gebet mobilisiert werden, immer in der jeweils richtigen Dosierung wirken. Die Heiler arbeiten, ohne den eigenen Willen in das Heilgeschehen mit einfließen zu lassen.

Besprechen

Das Besprechen ist eine Form der Gebetsheilung. Es gibt verschiedene Methoden des Besprechens. Oft werden geheime Gebete oder magische Formeln, die nur unter Schweigepflicht weitergegeben werden, gezielt in den Körper oder direkt in ein erkranktes Organ rituell einverleibt.

Magnetisieren
Beim Magnetisieren wird Lebenskraft übertragen und elektromagnetische Störfelder im Körper werden ausgeglichen. Der Magnetiseur streicht mit so genannten magnetischen Strichen über den Körper.

Magisches- und kabbalistisches Heilen
Beim magischen Heilen setzt der Heiler aktiv seinen Willen ein. Er entscheidet selbst, wie weit er bei dem Heilungsvorgang gehen will und welche Energieformen er wählt. Er nutzt ganz bewußt und gezielt genau definierte Heilenergien und dosiert diese auch eigenverantwortlich. Der Kabbalist ist bei großer geistiger Reife in der Lage, Materie zu verändern. Er arbeitet mit heiligen Formeln, mit Farbe, Ton und Form.

Besonders das Beten für einen anderen Menschen ist auch für einen Laien immer möglich und sehr wirkungsvoll. Diese Art der Heilung sollte nicht unterschätzt werden. In den letzten Jahren wurden mehrere Studien – besonders in Amerika, aber auch in Europa – durchgeführt, bei der für eine Gruppe von Patienten über einen längeren Zeitraum hinweg gebetet wurde. Eine Kontrollgruppe, die parallel dazu untersucht wurde, war ausschließlich schulmedizinisch behandelt worden. Keiner der Patienten wußte, ob für ihn gebetet wurde oder nicht. In fast allen Studien wurden die Patienten, für die gebetet wurde, schneller und nachhaltiger gesund. Ein Placebo-Effekt konnte ausgeschlossen werden.

Ob ein Heiler helfen kann, liegt nicht unbedingt an der Art der Erkrankung. Die geistige Einstellung des Kranken, die Bereitschaft der Seele, trägt wesentlich dazu bei, ob Heilung geschehen kann. Die Seele muß erfahren, was der Sinn der Krankheit ist, um daraus zu lernen. Charakterliche Disharmonien sollten angeschaut und bearbeitet werden. So läßt sich erklären, weshalb schulmedizinisch austherapierte Menschen Heilung erfahren können, während schulmedizinisch leicht zu heilende Krankheiten in manchen Fällen für die spirituelle Heilung nicht zugänglich sind. Es genügt nicht, die Heilbehandlung zu konsumieren, man muß auch seinen bisherigen Lebenswandel überdenken und gegebenenfalls bereit sein, ihn zu verändern. Ist der Kranke willens, die Ratschläge des Heilers zu befolgen, sein Leben spirituell auszurichten und auf eine gesunde Lebensweise zu achten, so können die übertragenen Heilenergien in den Genesungsprozeß eingreifen und ihn fördern.

Schulmedizin und Geistheilung zu kombinieren, wie es zum Teil in England und der Schweiz praktiziert wird, scheint in Deutschland offiziell nicht möglich zu sein. Immer mehr Ärzte öffnen sich jedoch mittlerweile dem spirituellen Heilen und arbeiten, ohne es an die große Glocke zu hängen, mit einem Heiler zusammen. Insbesondere in der Psychiatrie, wo Patienten mit Psychopharmaka ruhig gestellt aber nicht gesund werden, wären sicherlich große Erfolge möglich, wenn eine Zusammenarbeit zustande käme.

Heilen und Helfen mit den Engeln

22 der 72 Genien der Merkurzone werden je einem Buchstabenlaut und einem Klang zugeordnet, welche, richtig angewendet wahre Schöpfung ermöglichen. Diese 22 Genien wollen wir uns jetzt genauer betrachten und sie zu einfachen, aber äußerst wirkungsvollen Heilritualen – Gebeten – heranziehen. Wenn Sie das Gefühl haben, gerne mit den Engeln arbeiten zu wollen, so stellen wir Ihnen nun ein einfaches aber sehr wirkungsvolles Engels- und Kerzenritual vor.

Die 22 beispielhaft aufgeführten Engel decken quasi den gesamten Lebensbereich der Menschen ab – auch wenn wir hier das Heilen zum Schwerpunkt dieses Kapitels gemacht haben, vermögen die Engel durchaus in jedem erdenklichen Fall Hilfe zu leisten. Wer sich diesen Engelskräften anvertraut, ohne deren Macht und Wirkungsweise anzuzweifeln, wird sicher das eine oder andere Mal über die Hilfe und Kraft der Engel erstaunt sein. Oft regeln sich die Dinge des Alltags auf eine Art und Weise, an die man nun gar nicht gedacht hat oder die man für unmöglich hielt.

Suchen Sie sich nun einen Engel aus, von dem Sie glauben oder fühlen, daß er der Richtige für Ihre konkrete Situation sein wird. Lernen Sie, hier wirklich auf Ihr Gefühl zu vertrauen. Sie können nichts falsch machen oder gar den falschen Engel rufen – immer wird die mögliche Hilfe zum Einsatz kommen.

Übung: Das Engel-Ritual

Wenn Sie sich nun einig sind, welchen Engel Sie um Hilfe anrufen wollen, bereiten Sie eine echte Bienenwachskerze vor und modellieren das entsprechende Siegelzeichen Ihres Engels mit gelbem Wachs auf die Kerze. Segnen Sie aber die Kerze auf jeden Fall, bevor Sie mit der Herstellung des Siegels beginnen. Dies können Sie am besten durch einen einfachen Segnungsspruch bewerkstelligen.

- Nehmen Sie die Kerze zwischen beide Hände, und sprechen Sie zum Beispiel die folgenden Sätze:

Dieses Licht dient
zum Zeichen meiner Verbundenheit
mit der göttlichen Vorsehung.
Möge es die Mächte des Lichts
bei der Erleuchtung der Dunkelheit
unterstützen.
Der göttliche Wille geschehe.
Im Namen der lichten Wesenheiten
im Norden,
im Süden,
im Osten
und im Westen.

So sei es!

Falls Sie kein so großes handwerkliches Geschick haben sollten, können Sie das Siegel auch einfach mit einem neuen Messer oder einer neuen Nadel in die Bienenwachskerze einritzen. Während Sie das Siegel herstellen, denken Sie an nichts anderes als an den Namen des Engels, den Sie ständig wie ein Mantra im Geiste wiederholen. Auf die dem Siegel gegenüberliegenden Kerzenseite ritzen Sie dann bitte Ihren eigenen Namen oder den Namen der Person, welcher die Hilfe des Engels zugute kommen soll. Wenn Sie die Kerze nun wie oben beschrieben fertiggestellt haben, nehmen Sie diese in Ihre Hände oder halten Sie Ihre Hände über die Kerze. Nun sprechen sie siebenmal den entsprechenden überlieferten Psalm (auf Latein) und siebenmal die Anrufung nach Haziel. Stellen Sie sich dabei vor, wie die Kraft der Gebete in Form von regenbogenfarbenem Licht in die Kerze einfließt und sich dort von innen her wie eine Sonne in der Kerze verankert.

Nun kann die Kerze angezündet werden. Besonders wirkungsvoll ist Ihr Kerzenritual, wenn Sie auch beim Entzünden den Psalm und die Anrufung je siebenmal wiederholen. Je feierlicher die Kerze entzündet wird, desto kraftvoller kann sich die Wirkung des Engels entfalten. Zögern Sie nicht, Ihrer Kreativität freien Lauf zu lassen. Sie können einen kleinen Kerzen- oder Engelsaltar errichten und Weihrauch verbrennen.

Die Engel und ihre Attribute

Rang	*Name*	*Attribut*
1.	Vehuiah	Wille
2.	Lelahel	Licht
3.	Aladiah	Gnade
4.	Lauviah	Offenbarung
5.	Melahel	Heilung
6.	Seeiah	langes Leben
7.	Omael	Entwicklung
8.	Rehael	Respekt
9.	Sealiah	Wille
10.	Daniel	Redegewandheit
11.	Hahasiah	Medizin

12.	Nanael	Offenbarung
13.	Nithael	Rechtmäßigkeit
14.	Poiel	Reichtum, Begabung
15.	Jeialel	mentale Stärke
16.	Mizrael	Wiedergeburt
17.	Anianuel	Verbundenheit
18.	Manakel	Erkenntnis
19.	Eiaiel	Erhabenheit
20.	Habuiah	Heilung
21.	Jabamiah	Wandlung
22.	Mumiah	Wiedergeburt

Engel Vehuiah

Vehuiah kann zur Heilung aller Krankheiten herangezogen werden, die das Gehirn, die Gehirntätigkeit, die Schädelknochen und das Gehör beeinträchtigen.

Vehuiah verleiht einen scharfen Geist, Vorliebe für Kunst und Wissenschaft und die Ausdauer für schwer durchführbare Unternehmen.

Siegel

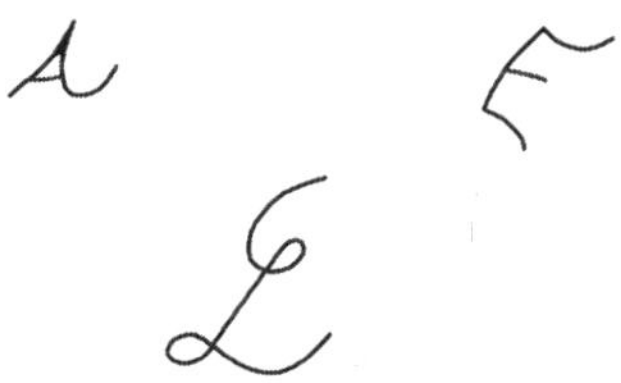

TAEF

Überlieferter Psalm zur Anrufung des Engels

Et tu, Domine, suspector meus et Gloria mea et exultans caput meum.
Doch du, Herr, bist mein Schild und mein Ruhm, und hebst mein Haupt zu dir empor.
F: Anrufung nach Haziel (spanischer Kabbalist):
Engel Vehuiah, ewiges kosmisches Feuer!
Göttlicher Funken, aus dem Vater hervorgegangen,
der ewig brennt und die Gedanken der Menschen entfacht!
Laß deine Kraft, oh Vehuiah, in mein Innerstes strömen,
um mein Blut zu beleben!
Amen.

Langes Gebet nach Haziel

Engel Vehuiah, Krone der Schöpfung,
zuerst erzeugtes Licht,
das den ursprünglichen Samen
göttlichen Wachstums erhellt.
Du bist schöpferische Flut, göttliche Weisheit,
und ich bitte dich um die Gnade, mich mit all meinen Gliedern
am göttlichen Werk teilnehmen zu lassen.
Laß meinen Geist die Energie ausströmen,
die meiner Hände Taten lenken wird,
die auch bewirkt, daß ich umsichtig handle.
Laß mein Herz Werkzeug des göttlichen Willens sein
und sein Rhythmus,
den Rhythmus, des Universums wiedergeben.
O Vehuiah, beseitige in meinem Inneren die Mißklänge, die durch meine Zügellosigkeit entstanden sind.
Herr, mein Geist, Sklave meines leidenschaftlichen Temperaments,

reist auf dem fehlgeleiteten Karren meines heftigen Ungestüms.
Ich habe die Energie deiner schöpferischen Kraft umgewandelt, in zerstörerischer Aufwallung meiner selbst.
Ich möchte, daß alle meine Wünsche sofort Wirklichkeit werden, aber ich zerstöre alles mit meiner unbändigen Leidenschaft.
Und in diesem heftigen Kampf verliere ich mein spirituelles Erbe, das der Ewige Vater durch dich
an mich übermittelt.
Die schöpferische Macht deiner Kraft,
durch mich und in mir
Zu bleierner Last umgewandelt, die meinen Geist und meine Gedanken mit dem Schleier
Der Narrheit bedeckt.
Oh Herr! Ein starker Schmerz brennt in meiner Seele.
Mein Herz schlägt in meiner Brust mit starker und nachdrücklicher Heftigkeit,
Auf der Suche nach schneller Befreiung aus den dunklen Gefängnissen,
In die ich durch die in mir ausbrechenden Flamen verdammt bin.
Doch nun scheint dein Licht in all meinen Gedanken!
Ich suche dich sehnlichst, Herr, denn ich weiß, daß ich meine Freiheit nur in
Den milden Begrenzungen deines göttlichen Wesens finden kann.
Ich braute so sehr Ruhe und Einkehr des Friedens in meinem Zustand der Besorgnis, der Unruhe und der Verwirrung, doch ich treffe nur auf ungestüme Kräfte und verheerende Stürme, die mich quälen, die meinen Geist beeinträchtigen und die mich in die Tiefe meines Eigensinns und meines Starrsinns herabziehen. Ich fühle, wie die zügellosen Rösser, die in entgegengesetzte Richtung laufen,

die zu gegensätzlichen Zielen führen auf dem Pfade meines Daseins, mein Inneres zerreißen.
Ich bin die schwankende und haltlose Marionette meines Egos, durch mein eigenes Verfehlen von deinem universellen Licht getrennt.
Ich selbst bin die Kraft, das Ungestüm und Toben. Ich selbst zerrütte und zerbreche meine innere Welt, um mich letztlich zu fragen:
Bin ich noch immer Ich selbst oder nicht?
Bin ich vielmehr nur der klägliche Ausdruck meiner begangenen Fehler?
Ich habe mich, Vehuiah, auf meinem Wege an dem spitzesten Stein verletzt: der Krankheit.
Ewiger! Dieses Hindernis hat meiner Wirrnis ein Ende gesetzt. Ich war tief gefallen, war schwach, unglücklich und verwirrt, vom Wege abgekommen, und einige, die mein Wagnis begleiten, teilen meine Schmach.
Nach dem Schmerz meines Sturzes habe ich nun großen Mut, wieder aufzustehen, denn du, Herr, leuchtender Stern, gibst mir mit vollen Händen den nötigen Mut, um weiterzugehen.
Ich blicke freudig, aber auch überrascht zu dir auf.
Du bist in meinem Inneren wie ein Lebensfunken, Atem, der meine seelische Krankheit heilt. Mein Körper verfällt zusehends, durch mein Fehlgerichtetsein verursacht. Aber ich bin mir wieder der Absicht bewußt, mit der ich in die Arena des irdischen Daseins hinabglitt.
Und in Zukunft werde ich dieses Ziel mit Liebe und Mut verfolgen.
Nur Liebe, Mut und Beherztheit, die du den deinen einflößt, werden meine neue geistige Einstellung lenken, und auf meinem Wege werde ich mich so verhalten, daß all diejenigen, die mir nahe sind, dein Bildnis in meinem Verhalten erkennen.

Vehuiah, wichtigster Samen göttlichen Wachstums,
pflanze in meine Gedanken deine Weisheit und dein
Wissen,
schaffe Ordnung auf meinen Lebenswegen. Laß deinen
schöpferischen Atem auch mich durchströmen.
Amen.

Engel Lelahel

Der Seraphim Lelahel verhilft zu einem guten Schwangerschaftsverlauf und sorgt für eine Geburt ohne Komplikationen. Lesen Sie zur spirituellen Schwangerschaft und harmonischen Geburt das Buch Spirituelle Geburtsvorbereitung von Iris Rinkenbach.

Durch Lelahel erhält der Anrufende Auskunft in der magischen Medizin, der klassischen Heilkunde und der modernen Medizin. Er schenkt seinen Schützlingen geheime Liebespraktiken und Berühmtheit in Kunst und Wissenschaft.

Siegel

Überlieferter Psalm

Psalite Domino, qui habitat in Zion, annunciate inter gentes studia ejus.
Singet Adonai Eloah, der in Zion wohnt, und verkündet unter den Völkern seine Taten.

Anrufung nach Haziel

Engel Lelahel, Wesenheit, die das Dasein fruchtbar macht!
Herr! Beschützer der Natur!
Der Himmelsvater hat durch mich
deine schöpferische Gnade fließen lassen.
Steh mir bei, o Ewiger,
während meiner ganzen Schwangerschaft.
Amen.

Engel Aladiah

Der Engel Aladiah, ein Cherubim, hilft zur Linderung und Heilung aller Süchte, so etwa Eßsucht und Bulimie, aber auch bei gestörtem Sexualtrieb und ähnlichem Sucht- und Abhängigkeitsverhalten. Aladiah könnte von jedem Psychiater und Psychotherapeut im Praxisalltag unterstützend und erfolgreich hinzugezogen werden.

Seinen Schützlingen gibt er (Anleitung zur Herstellung) kräftige(r) Amulette, mit deren Hilfe sie sich mancherlei Gefahren entziehen können.

Siegel

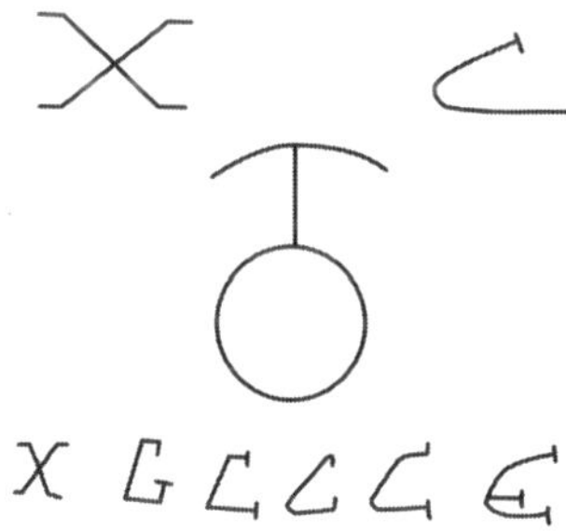

Überlieferter Psalm

Fiat misericordia tua, Domine, super nos, quaemadmodum speravius in te.
Deine Gnade, Herr, sei über uns! Wir hoffen auf dich.

Anrufung nach Haziel

Engel Aladiah, Gott, der immer entschuldigt und verzeiht!
Ewiger, du, der du in alle Geheimnisse
Der menschlichen Natur eindringst, dringe, Herr
Wie eine Lichtflut auch in meine Seele
Und auch in meine Wohnstatt ein,
So daß durch deine Kraft die Dunkelheit
Die mich umgibt und die mich quält,
Aufgelöst wird.
Amen.

Engel Lauviah

Der Thronengel Lauviah kann zur Heilung von Knochenkrankheiten jeder Art hinzugezogen werden. Er hat die Macht, Osteoporose zu heilen, Knochenbrüche zu richten und Knieprobleme zu lindern oder zu heilen. Bei jeder Art von Kalkmangel kann Lauviah Ausgleich schaffen.

Er wird auch zum Schutz gegen Unwetter und Blitzschlag sowie zum Sieg über stärkere Gegner angerufen. Er verhilft zu Berühmtheit und geistiger Größe. Auch gibt er irdische Güter beziehungsweise zeigt dem Magier, wie er durch magische Operationen oder durch Alchimie zu solchen kommen kann.

Siegel

Überlieferter Psalm

Vivit Dominus et benedictus Deus meus et exulator Deus salutis meae.
Lebendiger Gott, gepriesen sei mein Fels, erhoben der Gott meines Heils.

Anrufung nach Haziel

Engel Lauviah, allwissende Kraft, Die erleuchtet!
Fackel göttlichen Lichtes,
Dem Menschen gegeben,
Dem Reisenden,
Verirrt auf dem dunklen Wege der Existenz!
Herr und Meister der Lebenswasser!
Überschwemme mit deiner Liebe mein Inneres!
Erhöhe, verstärke meine Schwingung so,
Herr Lauviah, daß meine Augen in meinen
Täglichen Taten und Gesten
Deine Gegenwart sehen können.
Amen

Engel Melahel

Der Thronengel Melahel kann bei allen Kreislauferkrankungen, Herzschwäche, Blutüber- oder unterdruck, Blutarmut, Nervenerkrankungen, Krampfadern, aber auch bei Knöchel- und Wadenproblemen angerufen werden. Er wird traditionell auch angerufen, um vor Verwundungen durch Waffen zu schützen und für sicheres Reisen zu sorgen.

Siegel

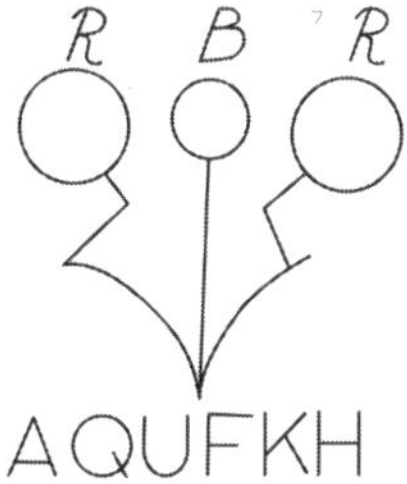

Überlieferter Psalm

Dominus custodiat introitum tuum et exitum tuum et ex hoc nunc et in saeculum.
Der Herr bewahrt deinen Eingang und Ausgang, von nun an bis in Ewigkeit.

Anrufung nach Haziel

Engel Melahel, Thron Gottes!
Göttlicher Sitz, den Menschen geschenkt!
Herr, du verbreitest die sanften Wasser
Deines Segens!
Du bist die ausströmende Energie, die alles erfüllt.
Bedecke meinen kranken Körper, der sich
In schlechtem Zustand befindet, mit deinem heilenden Wesen.
Lasse deinen erhabenen Blick auf mir ruhen,
Auf mir verirrtem Reisenden, auf der Suche
Nach dem Ewigen.
Umhülle mich und bedecke mich mit deiner Aura
Des Friedens.
Amen.

Engel Seeiah

Der Engel Seeiah, ein Engel der Herrschaften, kann zur Heilung von Krankheiten hinzugerufen werden, die die Hüften, die Oberschenkel, den Ishias, das Steißbein sowie die Heilung von Hüftleiden betreffen. Außerdem sind Rückenmarkserkrankungen, Lähmungen und Lebensfunktionsstörungen im allgemeinen Erkrankungen, bei denen Seeiah unterstützen kann.

Auch traditionell wird dieser Genius gegen alle körperlichen und seelischen Krankheiten angerufen. Er ist der Schutzherr aller Ärzte und all jener, die etwas mit Heilmethoden zu tun haben.

Siegel

Überlieferter Psalm

Deus ne alongaveris a me;
Deus meus in auxilium meum respice.

Gott, sei nicht ferne von mir; mein Gott, eile mir zu Hilfe.

Anrufung nach Haziel

Engel Seeiah, Quelle unendlicher Weisheit,
Gott, der den Weg zum Verzeihen aufweist!
Herr, du besitzt die höchste allwissende Kraft
Und die Macht über alle Geheimnisse.
Du, der du im verborgenen und tiefsten Inneren
Des Menschen wohnst,
Siehe mit deinem sanften Blick,
Wie müde meine Augen sind von der Härte des Daseins
Auf dieser Menschenerde.
Aber schließlich, Herr, durch den Schmerz, den mein Herz in sich trägt,
Richtet sich mein Blick auf zu dir!
Breite über mir deinen großen Mantel der Gnade und Liebe aus.
Hülle mich ein in dein Wesen und erwecke in mir dein eigenes Wesen,
Das verborgen, vielleicht schlummernd, in irgendeinem
Dunklen Winkel meiner Seele ruht!
Laß deine göttlichen Wasser der inneren und verborgenen Erlösung auf mich
Herabfließen.
Amen.

Engel Omael

Omael, ein Engel der Herrschaften, gilt als Heiler und Beschützer aller Tiere. Dem Menschen kann er bei der Heilung von Krankheiten zur Seite stehen, die mit der Leber zu tun haben. Aber auch bei allgemeiner Schmerzlinderung, Tuberkulose, Erkältungen oder Schleimhautentzündungen kann Omael Hilfe leisten.

Traditionell wird Omael in besonders kummervollen und verzweifelten Lebenslagen angerufen. Unter seiner Herrschaft stehen auch das Tierreich und die Zeugung in der Natur. Auch er ist Schützer der Ärzte, insbesondere der Chirurgen.

Siegel

FTTSKF

Überlieferter Psalm

Quoniam tu es patientia mea, Domine, spes mea a juventute mea.
Denn Du bist mein Herr, von Jugend auf.

Anrufung nach Haziel

Engel Omael, Gott der Entwicklung aller Lebensformen!
Gott, der das Leben hervorbringt!
Laß unfruchtbare Pflanzen und vertrocknete Gräser,
Alles Verwelkte wieder erblühen.
Herr! Dringe ein in meine verwundete Seele,
Denn alleine deine Gegenwart lindert den
Schmerz meines kranken Körpers.
Mache die kargen und öden Felder in meinem Inneren
wieder fruchtbar.
Stärke die Lebensströme meines Körpers,
Die durch die Abwesenheit deines Geistes
Immer schwächer wurden.
Amen.

Engel Rehael

Rehael ist ein Engel aus den Rängen der Mächte. Seine Hilfe kann sich über sehr große Gebiete erstrecken. In seinem Namen steckt das Wort Rehabilitation. So hat Rehael die Macht, alles ins Ungleichgewicht geratene wieder zu richten und zu erneuern. Er kann Krankheiten des gesamten Urogenitalbereichs lindern und heilen. Außerdem kann er bei Verletzungen und Schiefständen der Lendenwirbel herangezogen werden. Rehaels Machtbereich deckt auch die gesamte Psyche eines Menschen ab.

Traditionell wird dieser Genius angerufen, wenn jemand hoffnungslos erkrankt ist. Aber auch bei Krankheiten, deren Herkunft und Behandlung den Ärzten nicht bekannt ist, bittet man ihn hinzu. Er gewährt ein langes Leben und gute Gesundheit und beeinflußt auch die Liebe der Kinder zu ihren Eltern und umgekehrt auf das Günstigste.

Siegel

Überlieferter Psalm

Audivit Dominum et miseritus est mei. Dominus factus est meus adjutor.
Gott hat mich erhört und erbarmt sich meiner. Er ist mein Helfer geworden.

Anrufung nach Haziel

Engel Rehael, Gott der Barmherzigkeit!
Herr des unendlichen Verzeihens,
Der mit offenen Armen alle
Reuigen Sünder empfängt, befreie meinen Geist.
Unterwirf meine rebellische Seele deiner göttlichen Macht,
denn wenn ich mich dem Willen des Himmlischen Vaters unterwerfe,
Kann mein inneres Selbst wieder
Gestärkt werden.
Allein mit Hilfe des Willens des Vaters werde ich die
Richtige Antwort

Auf meine Befürchtungen, meine Sorgen
Und mein Leiden finden können, damit ich sie nicht um mich verbreite.
Befreie mich, denn ich möchte meine Umgebung und meine Nachkommen von der Last meiner Leiden befreien.
Amen.

Engel Sealiah

Sealiah, der Engel aus den Rängen der Tugend, hat die Möglichkeit, alle Herzkrankheiten zu lindern oder zu heilen. Ebenso kann er bei Rückenleiden, Angina pectoris, Herzrhythmusstörungen, Rückenmarkserkrankungen und Bewußtseinsstörungen angerufen werden. Sealiah repräsentiert darüber hinaus die reine Göttliche Alliebe in allen ihren Aspekten. Dieser Engel öffnet das Herz der Menschen und läßt sie auch in schweren Tagen wieder durchatmen.

Traditionell wird Sealiah angerufen, um einen Verbrecher zu überführen oder sonstige Bosheiten und Schlechtigkeiten zu entdecken.

Siegel

Überlieferter Psalm

Si dicebam, motus est pes meus, misericordia tua Domine adjuvabat me.
So sprich: Wenn mein Fuß wankt, so stütze mich deine Gnade, oh Herr.

Anrufung nach Haziel

Engel Sealiah, Gott des Lichtes!
Erwecker schlummernder Willenskräfte!
Herr, Antrieb göttlicher Tat!
Erhöre, o Ewiger, das schwache Klopfen meines Herzens.
Erneuere mein Blut, so daß mich von nun an,
Von diesem Moment an,
Mein neues Verständnis für
Die Werte des Lebens
Zu Gott hinführen wird.
Amen.

Engel Daniel

Daniel ist ein Engel der Fürstentümer. Sein Einfluß kann günstig auf allgemeines Unwohlsein, auf Probleme des Urogenitalbereichs, auf Gallen, Nieren- und Blasenleiden wirken. Außerdem versteht sich Daniel auf die Linderung und Heilung von Diabetes.

Traditionell wird Daniel angerufen, wenn jemand verzweifelt ist und keinen Ausweg aus einer schlimmen Situation weiß.

Siegel

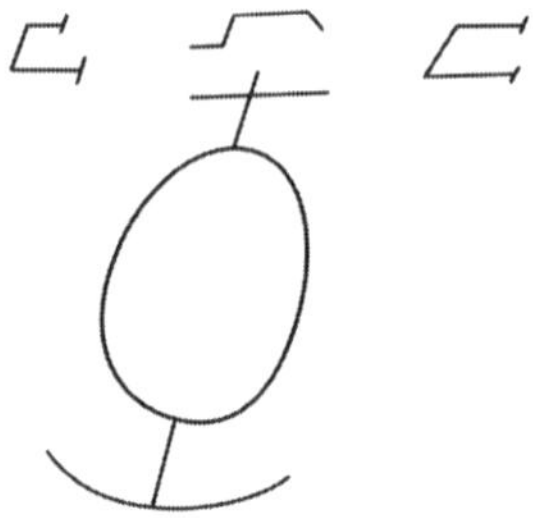

Überlieferter Psalm

Miserator et misericors Dominus, longanimis et misericors.
Der Herr ist barmherzig und gnädig, langmütig und von großer Güte.

Anrufung nach Haziel

Engel Daniel, Gott, der die Harmonien wiederherstellt!
Sprudelnde Quelle des Gleichgewichts und der Schönheit!
Schenke mir deine belebende Energie!
Amen.

Engel Hahasiah

Hahasiah ist ein Engel der Fürstentümer. Er versteht sich auf die Heilung von Problemen des Hals-, Nacken- und Halswirbelbereichs. Fernerhin hat er Einfluß auf Kehlkopf, Speiseröhre, Stimmbänder, Gaumen und die Mandeln. Ebenfalls kann Daniel zur Heilung von Ohrenleiden, Wundbrand und Übergewicht gebeten werden.

Wer über die heiligen Mysterien und über die Weisheit meditieren will, wer Weisheit erlangen und die geheimsten Rätsel der Alchimie und Magie entschleiern will, der bittet diesen Genius um Erleuchtung.

Siegel

Überlieferter Psalm

Sit Gloria Domini in saeculum, lactabitur Dominus in operibus suis.
Der Ruhm des Herrn währet ewig, und er erfreut sich seiner Werke.

Anrufung nach Haziel

Engel Habasiah, in den Geheimnissen
Der Welt verborgener Gott,
Fackel, die die innere Leere
Der Menschen erhellt!
Ich bitte dich, die Finsternis,
Die meine Seele umhüllt,
Zu vertreiben!
Erhebe meinen Geist zu deinem
Himmlischen Thron.
Amen.

Engel Nanael

Der Engel Nanael ist ein Engel der Fürstentümer. Nanael versteht sich auf die Heilung von Augenleiden und des Sehvermögens.

Dieser Genius wird traditionell angerufen, um in den Naturwissenschaften Erleuchtung zu erlangen.

Siegel

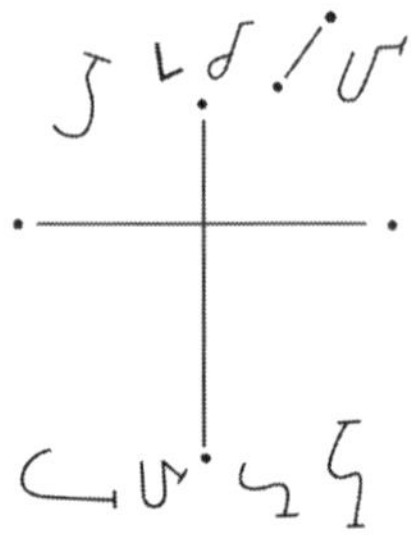

Überlieferter Psalm

Cognovi Domine quia aequitas iudicia tua et in virtute tua humiliasti me.
Ich weiß Herr, daß deine Gerichte gerecht sind und mit Treue du mich demütigst.

(Dieser Psalm, in Hebräisch geschrieben, zerfällt durch Permutation in 22 Teile, die den 22 hebräischen Buchstaben und den 22 Tarotkarten entsprechen.)

Anrufung nach Haziel

Engel Nanael, Fackel, die die Welt erhellt!
Herr! Du bist die Quelle der Weisheit:
Zeig mir die Geheimnisse des Kosmos,
Damit ich niemals mehr auf den Wegen des Irrtums
Wandern kann.
Amen.

Engel Nithael

Nithael ist ebenfalls ein Engel der Fürstentümer. Er hilft bei allen chirurgischen Eingriffen. Er kann zur Heilung des Kranken aber auch zur richtigen Inspiration und Führung des Chirurgen angerufen werden.

Traditionell wird dieser Genius angerufen, um ein langes Leben zu erbitten.

Siegel

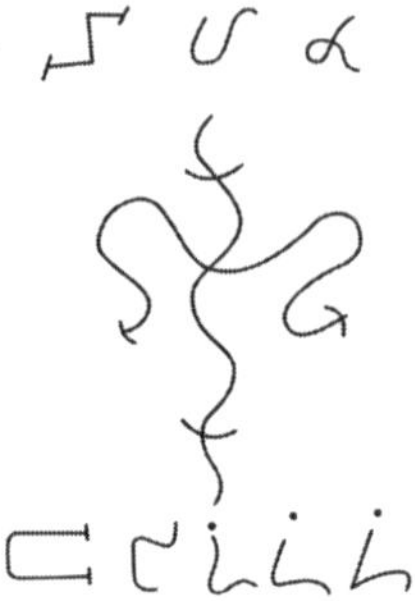

Überlieferter Psalm

Dominus in Coelo paravit sedem suam, et regnum ipsius omnibus dominabitur.
Der Herr hat seinen Thron im Himmel errichtet, und sein Reich herrscht über alles.

Anrufung nach Haziel

Engel Nithael, Herr des vollkommenen Gleichgewichts!
Blendende Schönheit!
Harmonie, die sich über
Die Schöpfung ergießt!
Berühre, o Ewiger, meinen kranken Körper,
Mache aus mir den dauerhaften
Ort deines Gleichgewichts.
Amen.

Engel Poiel

Poiel, ein Engel der Fürstentümer, vermag durch Unfälle verursachte Krankheiten zu heilen aber auch den Reisenden an sich zu schützen. Ebenso kann Poiel Erkrankungen der Drüsen kurieren. Poiel ist strahlende Intelligenz und vermag, aus Dummen wahre Weise zu machen.

Traditionell wird dieser Genius angerufen, um all das zu erlangen, was man dringend braucht oder sich wünscht: Ehre, Reichtum Glück und Liebe.

Siegel

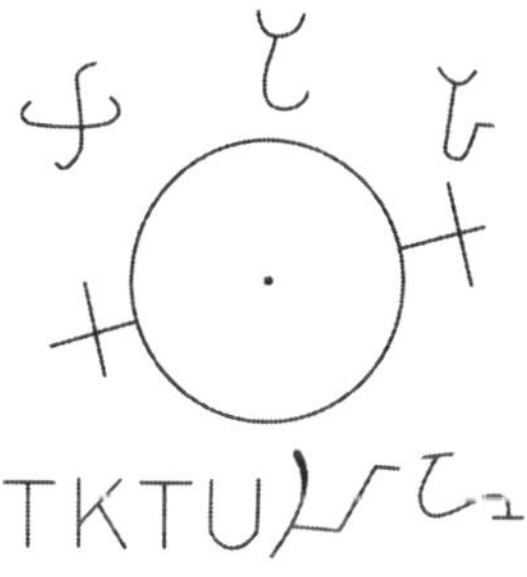

Überlieferter Psalm

Allevat Dominus omnes, qui corruunt, et erigit omnes elisos
Der Herr stützt alle, die fallen, und richtet auf alle Gebeugten.

Anrufung nach Haziel

Engel Poiel, göttliches kosmisches Wesen!
Säule des Universums!
Hilfe und Stütze der Verlassenen.
Lenke deinen sanften Blick in dieses Tal
Des Schmerzes, Sitz der Menschheit.
Verströme die Tränen deines Mitgefühls,
Herr. Und überflute uns durch sie mit
Deinem Lebenswasser, damit deine Liebe
Der große Erlöser der karmischen Last
Unserer schweren Vergangenheit sei.
Amen.

Engel Jeialel

Jealiel ist ein Engel der Erzengel. Dieser Engel vermag alle Arten von Unterleibserkrankungen zu heilen. Ebenso kann er zur Kurierung von Milz- und Lebererkrankungen, Blinddarmentzündungen und Seuchenerkrankungen herangezogen werden.

Traditionell wird dieser Genius gegen Kummer und zur Heilung von Krankheiten hinzu gebeten, insbesondere gegen Augenkrankheiten. Der Genius wirkt verstärkt auf alles, was aus Eisen ist und auf all jene, die damit handeln und arbeiten.

Siegel

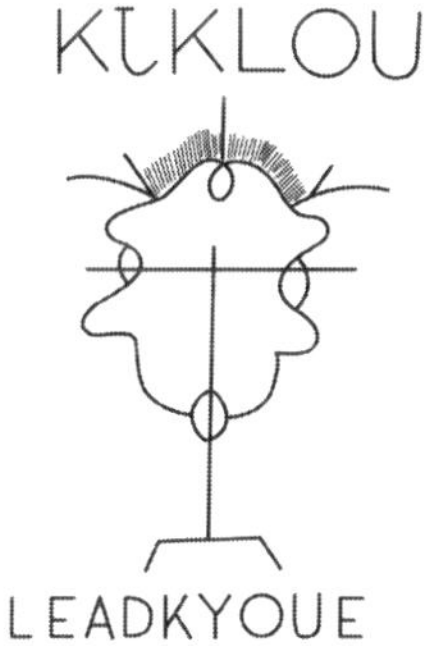

Überlieferter Psalm

Et anima turbata est valde sed tu Domine esque quo.
Und meine Seele zittert sehr – wie lange noch – oh Herr.

Anrufung nach Haziel

Engel Jeialel, Gott, der während
Des Kampfes beschützt.
Herr, bewaffne meinen Arm mit deiner
Gerechtigkeit!
Mein Herz will deinen Vorsätzen treu sein!
Befreie mich und meine Umgebung
Von Traurigkeit und Sorge!
Amen.

Engel Mizrael

Der Engel Mizrael, ein Engel der Erzengelränge, vermag Krankheit und Schwäche der Lungen, der Bronchien, der Luftröhre und der Thymusdrüse zu heilen. Ebenso hilft er zur Linderung von Nervosität.

Siegel

Überlieferter Psalm

Justus Dominus, in omnibus viis suis, et sanctus in omnibus operibus suis.
Gerecht ist der Herr in allen seinen Wegen und Werken.

Anrufung nach Haziel

Engel Mizrael, Gott, Quelle der Wandlung!
Weisheit, die zur Wiedergutmachung
Von inneren Konflikten führt!
Schaffe Ordnung, o Ewiger,
In meinen Geist, gefesselt, verborgen

Und unterdrückt von dem
Schweren Joch meiner
Verirrten Gefühle.
Beruhige meinen Geist, und
Inspiriere mich in all meinen Handlungen,
Damit ich alle zukünftig auftretenden
Martyrien besiegen kann,
Damit ich siegen kann,
Wenn ich gequält werde von Gefühlen
Und Wünschen, die die Ziele meines Selbst
Entstellen und verfälschen.
Amen

Engel Anianuel

Der Engel Anianuel ist ebenfalls ein Engel der Erzengelränge. Er heilt Muskel- und Knochenleiden, insbesondere wenn diese durch Unfälle hervorgerufen wurden.

Anuaniel wird traditionell zum Schutz (vorbeugend) gegen Unfälle und Krankheiten angerufen.

Siegel

Überlieferter Psalm

Servite Domino, in timore, et exaltate ei cum tremore.
Dienet dem Herrn mit Furcht – und frohlocket mit Zittern.

Anrufung nach Haziel

Engel Anianuel, Gott, der die Sünder
Und die Sünderinnen segnet!
Herr, der erleuchtet und zurück
Zum Vater führt!
Laß deine Ausstrahlung der Leuchtturm
Für mich sein,
Der meinen auseinander strebenden Willen
Zur inneren Einheit und
Zum Frieden geleitet!
Amen.

Manakel

Der Engel Manakel hat die Macht, Hautkrankheiten, Störungen im Haarwuchs, Arthritis, Gelenkrheuma, Knochentuberkulose, Gicht, Hysterie, Wundbrand und Lähmungen, insbesondere Kinderlähmung zu heilen.

Dieser Genius wird traditionell angerufen, um die Fallsucht – Epilepsie – zu heilen.

Siegel

Überlieferter Psalm

Ne derelinquas me, Domine,
Deus meus, ne discesseris a me.
Verlasse mich nicht, Herr,
mein Gott, sei nicht ferne von mir.

Anrufung nach Haziel

Engel Manakel, Gott, der vor allem
Schlechten bewahrt!
Gott der Gesundheit!
Herr!
Du besitzt die Geheimnisse des Guten
Und des Schlechten.
Amen.

Eiaiel

Der Engel Eiael hilft gerne bei allen Arten von Schlafstörungen und Schlaflosigkeit. Wer nur schlecht einschlafen kann oder gar von Alpträumen heimgesucht wird, findet bei ihm Hilfe. Traditionell wird dieser Genius angerufen, um Trost in Widerwärtigkeiten zu erlangen und Weisheit zu erlangen. Er gibt auch Erklärungen zu den okkulten Wissenschaften und läßt denjenigen, der ihn anruft, in allen Dingen die Wahrheit erkennen.

Siegel

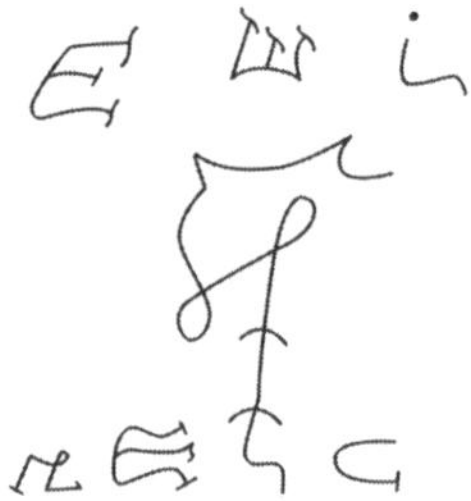

Überlieferter Psalm

Delectare in Domino et dabit tibi petitiondes cordis tui.
Erfreue dich am Herrn, er gibt dir, was dein Herz erwünscht.

Gebet nach Haziel

Engel Eiaiel, Gott, der vor jeglichem
Unglück beschützt!
Laß dein besänftigendes Wesen in
Meinen Geist fließen!
Hilf mir, die geistigen Gaben,
Die der Ewige mir gewährt hat,
Zu verbreiten!
Gib mir die Ruhe, die ich in meinen
Nächten nicht finde,
Erschöpft durch die Schlaflosigkeit,
Zerfressen von Sorge und Angst und
Der anklagenden Qual meiner Irrtümer.
Mildere das Gesetz, Herr, lindere
Die Enttäuschung, die
Mein Inneres bewegt und erstickt.
Amen.

Habuiah

Habuiah ist der Engel der Heilung schlechthin. Seine Macht, Krankheiten aller Art zu heilen oder, wenn es das Karma des Kranken nicht zuläßt, wenigstens zu lindern, ist sehr groß. Insbesondere kann Habuiah gegen Kopfschmerzen, Migräne, Gehirnschlag, Hirnhautentzündung und Fieber angerufen werden. Aber auch in Fällen von Epilepsie, die immer eine Art von Besessenheit ist, kann Habuiah helfen.

Traditionell wird Habuiah angerufen, um die Gesundheit zu erhalten und Krankheiten auszuheilen.

Siegel

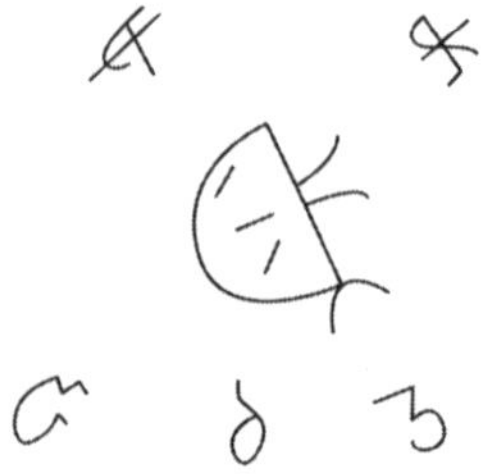

Überlieferter Psalm

Confitemini Domino, quoniam bonus, quoniam in saeculum misericordia eius.
Preiset den Herrn, denn er ist gut, und ewig währet seine Gnade.

Anrufung nach Haziel

Herr Habuiah, Gott, der unsere
Inneren Konflikte löst!
Friedensbringender Gott, der
Dem Organismus neue Kräfte verleiht,
Der durch die Übertretungen des Gesetzes
Schaden genommen hat!
Erhöre mein Gebet, denn ich lasse in dir
Meine Hoffnung ruhen,
Mach durch deine Gegenwart
Aus mir einen vollkommenen,
Gesunden Menschen!
Amen.

Jabamiah

Jabamiah obliegt die Kontrolle des Geistes und des Gedächtnisses. Er kann bei durch Alter bedingtem Gedächtnisverlust, bei Angstneurosen, Psychosen und allen anderen Formen von Geisteskrankheiten helfen. Somit ist auch er ein Helfer, der gerne jedem Psychiater oder Psychologen helfend zur Seite stehen kann. Traditionell gilt dieser Genius als großer Initiator der heiligen Kabbalah. Er lehrt den Magier, Werke durch das magische Aussprechen von Formeln und Buchstaben zu vollbringen.

Siegel

Überlieferter Psalm

Eheie, Jah, Joah, El, Elohim, Eloha, Joah Sabaoth, Elohim Sabaoth, Schadai, Adonai.

(Dieser Satz beinhaltet kabbalistische Gottesnamen)

In Manchen Überlieferungen werden anstatt der obigen Anrufung die ersten Worte der Genesis erwähnt. Diese haben einen höheren Bekanntheitsgrad und können ebenso verwendet werden: »Im Anfang schuf Gott Himmel und Erde.«

Anrufung nach Haziel

Engel Jabamiah, erzeugendes Wort!
Schöpferisches Wort!
Herr, in dir wohnt die Kraft,
Die Verdorbenes erneuert.
Wiederbelebe und erwecke
Durch deinen erlösenden Atem
Meine geistige Natur und
Die Welt meiner Gefühle.
Laß mein Höheres Selbst alles
Niedere in mir unterwerfen.
Erlaube mir, ein Tempel zu werden,
Der dich beherbergen kann.
Amen.

Mumiah

Der Engel Mumiah ist ausgezeichnete Stütze bei Krebs- und anderen Tumorleiden. Weiterhin kann Mumiah Hilfe und Stütze bei Erschöpfung, übermäßiger nervlicher Belastung und bei Depressionen sein.

Traditionell wird dieser Genius angerufen, um für alle magischen und mystischen Operationen Rat zu erfragen. Will man also eine schwierige magische Operation durchführen – etwa eine magische Evokation (wie etwa jene in *Der Magische Spiegel* beschriebenen) – so gibt dieser Genius Ratschläge, wie man sich dem zu evozierenden Wesen gegenüber verhalten sollte und welche Vorsichtsmaßnahmen zu treffen sind.

Siegel

Überlieferter Psalm

Alpha et Omega! Convertere anima mea, in requiem tuam,
quia Dominus benefecit tibi.
Anfang und Ende! Kehre meine Seele ein in deine Ruhe,
denn der Herr hat dir Gutes getan.

Anrufung nach Haziel

Engel Mumiah, Gott, Überbringer des
Schlüssels des Universums!
Ewiger: Öffne mir die Wege zur Ewigkeit,
Entzünde dein strahlendes Licht
In meinem Inneren;
Herr, schließe die Tür,
Die mir die Schatten
Des höllischen Abgrundes zeigt!
Dein Leben in mir,
Oh du, göttliche Tugend,
Erwecke all meine Sinne
Für die Spiritualität! Laß mich
Deinem Glanze treu sein!
Amen.

Übung: Das Geheimnis der Eucharistie

Um eine Eigenschaft oder einen Wunsch vollständig zu verinnerlichen, ist die bewußte Einnahme eines zuvor imprägnierten Nahrungsmittels von enormer Wirkung. Wie auch bei der heiligen Kommunion der Christen die Christusliebe und der Göttliche Geist einverleibt (verinnerlicht) wird, so verleiben Sie sich bei dieser magischen Handlung eine Eigenschaft ein.

• Gehen Sie dabei wie folgt vor:

Christlich:

- Werden Sie sich ganz klar darüber, welche Eigenschaft sie anstreben und formulieren Sie diese. (zum Beispiel: Gesundheit, innere Ausgeglichenheit, Frohsinn etc.)
- Schreiben Sie Ihren Wunsch auf ein Pergamentpapier.
- Entzünden Sie eine weiße gesegnete Kerze als Symbol für den göttlichen Willen.
- Beten Sie das "Vater unser" oder den Psalm 23.
- Entzünden Sie das Papier an der weißen Kerze, und verbrennen Sie es in Ihrem Wunschkessel.
- Bereiten Sie sich einen Keks-Teig, und verarbeiten Sie die Asche im Teig.
- Beten Sie während der Zubereitung das "Vater unser".
- Wenn Sie die Kekse ausstechen, können Sie Formen wählen, die symbolisch zu Ihrem Wunsch passen – Kleeblätter für Glück, einen Löwen für Kraft und Vitalität, einen Tannenbaum für Gesundheit usw.
- Backen Sie die Kekse nach Rezeptvorgabe.
- Halten Sie beide Hände über Ihre Kekse, und konzentrieren Sie sich so intensiv es Ihnen irgend möglich ist darauf, daß Ihre Kekse Ihren Wunsch verkörpern, als ob er schon verwirklicht sei.
- Imprägnieren Sie Ihren Wunsch neun Minuten lang in die Kekse.
- Wenn Ihnen die Konzentration über einen längeren Zeit-

raum schwer fällt, können Sie die Zeit in dreimal drei Minuten aufsplitten.

- Die auf diese Weise magisch aufgeladenen Kekse dürfen mit keinem anderen Menschen in Berührung kommen.
- Bewahren Sie diese in einer schönen Dose sicher auf.
- Jeden Tag nehmen Sie nun einen dieser Kekse zu sich.
- Entzünden Sie zuvor eine weiße gesegnete Kerze als Symbol für den göttlichen Willen.
- Beten Sie das »Vater unser".
- Essen Sie diesen Keks sehr langsam und bewußt.
- Stellen Sie sich vor, daß Ihr Wunsch nun Ihren ganzen Körper ausfüllt.
- Er gelangt in jede Zelle Ihres Seins und wird sich auf diese Weise verwirklichen.
- Niemals darf etwas von einer auf diese Weise imprägnierten Speise weggeworfen werden.

Buddhistisch:

- Bereiten Sie sich Energiekugeln zu:
  Dazu nehmen Sie:
  100g gemahlene Mandeln
  100g klein gehackte Datteln
  100g Kokosflocken

- Die Mischung wird mit so viel Multivitaminsaft verknetet, bis eine teigartige Masse entsteht.
- Formen Sie Kugeln, und wälzen Sie diese in Kokosflokken
- Sprechen Sie nun 15 Minuten lang eines der folgenden Mantras in die Kugeln.

Für Gesundheit

- Sprechen Sie das Medizinbuddha-Mantra mindestens 108mal:

TADJATA OM BHEKHANDSE BHEKHANDSE
MAHA BHEKHANDSE BHEKHANDSE
RADSA SAMUNGATE SVAHA

- Dabei stellen Sie sich vor, daß die Energie des Medizinbuddha in die Kugeln einfließt und sich dort dauerhaft manifestiert.

Für Spirituelle Entwicklung

- Sprechen Sie mindestens 108mal die folgenden Worte:

OM AH HUM VAJRA GURU PADME SIDDHI HUM

(siehe auch: Kapitel Padmasambhava)

- Essen Sie die Kugeln ganz bewußt. Sie können mehrere Tage im Kühlschrank aufbewahrt werden.

Übung: Die 14 Nothelfer

In den alten Schriften und christlichen Überlieferungen finden wir einiges über die sogenannten 14 kosmischen Nothelfer. Bekannt sind die Namen verschiedener Heiliger, meist Märtyrer, die angeblich mit diesen Nothelfern identisch sind. In Wirklichkeit handelt es sich bei diesen Wesen nicht um Heilige, sondern tatsächlich um hohe Engelwesen, denen man lediglich für das damalige, einfachere Volk Zuordnungen verschiedener Heiliger schaffte.

Doch ob Sie nun den Namen eines Heiligen in tiefem Glauben sprechen und um Hilfe bitten, oder den Namen eines Engels, der irgendwann diesem Heiligen zugeordnet wurde, spielt nur eine untergeordnete Rolle. Eine sehr effektive Methode, diese »kosmische Feuerwehr« anzurufen und um sofortige Hilfe zu bitten, ist diese:

- Nehmen Sie eine Kaffeetasse voll Speisesalz in beide Hände, und sprechen dreimal den Psalm 23 ins Salz.
- Setzen Sie sich auf den Boden, und streuen Sie einen Kreis mit dem energetisierten Speisesalz um sich herum.
- Stellen Sie 14 Teelichter, die Sie zuvor gesegnet haben, im Kreis um sich herum auf.
- Entzünden Sie die Kerzen im Uhrzeigersinn.
- Beten Sie neunmal das Vaterunser sehr bewußt, und formulieren Sie dann Ihr Hilfegesuch.
- Verbleiben Sie im Kreis, bis die Teelichter abgebrannt sind.
- Falls Ihnen das zu lange dauert (es dauert cirka vier Stunden), können Sie auch ein Foto von sich in den Kreis legen.
- Sie dürfen auf diese Weise auch für jemand anderen um Hilfe bitten, der in großer Not ist. Dazu legen Sie ein Foto der Person in Not in den Salzkreis.

Wann immer Sie sich in Angst und Nöten befinden, können Sie den Erzengel Michael um Schutz bitten. Sprechen oder denken Sie folgende Worte, während Sie sich Michael als lichtvolle und schützende, aber liebevolle Feuersäule vorstellen:

»Michael vor mir, Michael hinter mir.
Michael rechts und links von mir.
Michael über mir, Michael unter mir.
Ich bin vollkommen geschützt durch den Segen
und die Kraft des Erzengels Michael."

- Wiederholen Sie diese Worte so lange, bis Sie sich wirklich sicher fühlen. Vergessen Sie niemals den anschließenden Dank!

Hilfe in jeder Notlage

Hilfe in jeder erdenklicher Notlage kann der Engel Kaliel leisten. Sie erreichen Kaliel mit dem Psalm 7, V 9:

Herr, weil ich gerecht bin, verschaff mir Recht, und tu
an mir Gutes, weil ich schuldlos bin!

- Segnen Sie eine kleine weiße Kerze und schreiben darauf den Namen und das Siegel von Kaliel mit Goldstift.
- Beten Sie den Psalm 7 Vers 9 dreimal hintereinander.
- Rufen Sie dreimal den Engelnamen.
- Bitten Sie mit Ihren eigenen Worten um Hilfe aus der Not.
- Lassen Sie die Kerze vollständig abbrennen.

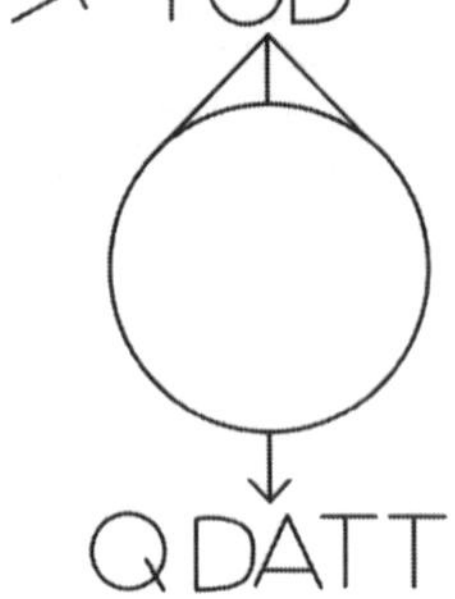

Tod – Der Weg ins Licht

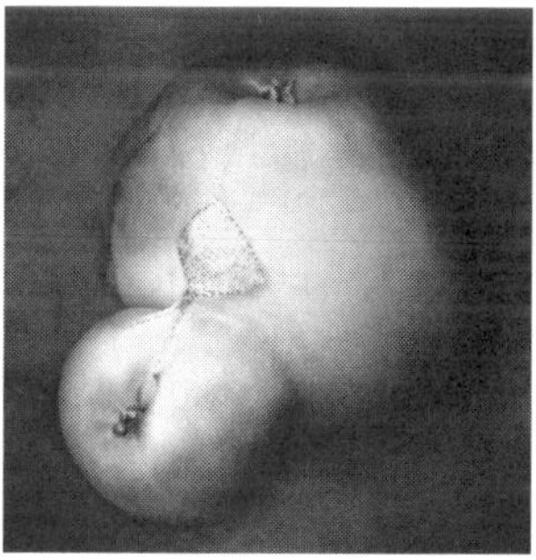

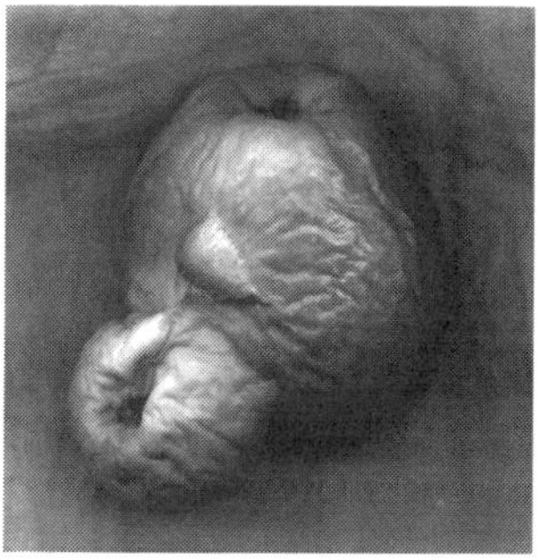

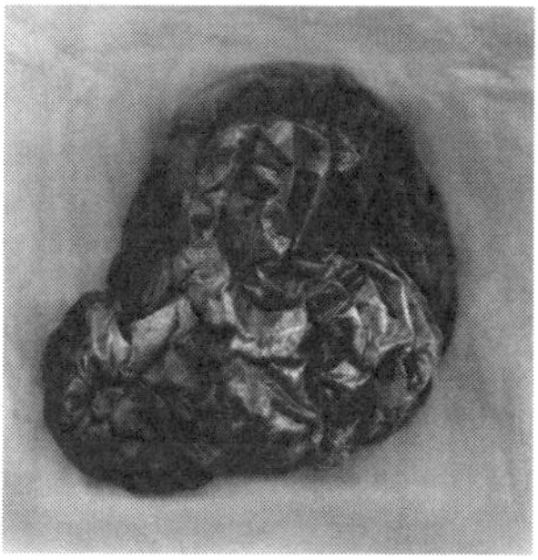

Mit unserem ersten Atemzug, wenn uns unsere Mutter ins Leben entläßt, ist auch unser Sterben vorprogrammiert. Sie schenkt uns sogleich Leben und Tod. Aus diesem Grund waren in alten Zeiten die Frauen gefürchtet. Den Männern war es unheimlich, welche Macht der Frau innewohnt. Einige Kulturen ehrten die Frau und Mutter, andere wiederum verteufelten diese weibliche Kraft, bezeichneten die Frauen besonders nach einer Geburt als unrein, seelenlos oder sogar böse, letztendlich aus einer eigenen tiefen Angst vor dem Tod. Dabei ist doch die Geburt ins Leben gleichzeitig ein Tod im Jenseits und der Tod wiederum eine neue Geburt in der geistigen Welt. Das Vergessen, der Mangel an Erinnerung ist es, weshalb uns der Tod so schreckt. Wüßten wir mit Sicherheit und aus eigener Rückerinnerung, was uns nach dem Tod erwartet, bräuchten wir keine Angst zu haben. Jede Religion lehrt, daß nach dem Tod nicht alles zu Ende ist, daß es eine geistige Welt gibt, in die wir übertreten. Das tibetische und das ägyptische Totenbuch beschreiben, wie man einem Sterbenden mit bestimmten Ritualen und Gebeten helfen kann, den Übergang ins Jenseits zu erleichtern.

Die meisten Religionen sprechen von Wiedergeburt. Eine Seele verkörpert (inkarniert) sich immer wieder, bis sie ihr volles Bewußtsein entwickelt hat.

Reinkarnation oder Das Märchen vom einmaligen Leben

Vom Jahre 1 bis 553 n. Chr. war die Lehre der Reinkarnation (Wiedergeburt) ein fester Bestandteil der christlichen Religion.

Im Jahr 543 n. Chr. wurde diese Lehre auf der Synode der Ostkirche als Häresie verworfen.

Auf dem 5. allgemeinen Konzil (2. Konzil von Konstantinopel) wurde die Lehre der Reinkarnation 553 n. Chr. sanktioniert. Das Konzil wurde vom oströmischen Kaiser Justinian einberufen. Papst Vigilius boykottierte zunächst die vom Kaiser formulierten Beschlüsse, leistete jedoch später, unter politischem Druck, die Unterschrift.

Gegen die Richtigkeit dieser Entscheidung sprechen die früheren (griechischen) Kirchenväter:

Clemens von Alexandrien (150-215 n. Chr.)

Denn indem so *eine Geburt auf die andere* folgt, will sie uns in allmählichem Fortschreiten zur Unsterblichkeit führen.

(STROMATEIS 4, 160, §3)

Gregor von Nyssa (334-394 n. Chr.)

Weil aber die Seele durch eine gewisse Heilsbehandlung auch von den durch die Sünde eingetretenen Befleckungen gereinigt werden muß, wird im gegenwärtigen Leben das Mittel der Tugend auf sie angewandt, um diese Wunden zu heilen. Bleiben sie im gegenwärtigen unheilbar, so ist die Heilbehandlung *in einem weiteren Leben* notwendig.

(ORATIO KATECHETICA 10, §9)

Philo von Alexandrien (15 v. Chr. bis 50 n. Chr.)

Von diesen Seelen steigen die einen hinab, um sich in sterbliche Körper einsperren zu lassen, und zwar, die der Erde am nächsten, dem Körper befreundetsten. Die anderen wandern wieder, abgeschieden von den nach der Natur festgegebenen Zahlen und Zeiten, hinauf.

(1. BUCH DER TRÄUME)

Reinkarnation im Neuen Testament

Auch im Neuen Testament sind Aussagen zu finden, die den Reinkarnationsglauben bestätigen:

Die Zunge ist ein Feuer, eine Welt von Ungerechtigkeit, der Teil, der den ganzen Menschen verdirbt und das Rad des Lebens *in Brand setzt.*

(JAKOBUS 3,6)

Der König Herodes hörte von Jesus, denn sein Name war bekannt geworden, und man sagte: »Johannes der Täufer ist von den Toten auferstanden, *deshalb wirken solche Kräfte in ihm.” Andere sagten: »Er ist Elija.” Wieder andere: »Er ist ein Prophet, wie einer von den alten Propheten.« Als aber Herodes von ihm hörte, sagte er: »Johannes, den ich enthaupten ließ, ist auferstanden.”*

(MARKUS 6,14—16)

Als Jesus in das Gebiet von Caesarea Philippi kam, fragte er seine Jünger: »Für wen halten die Leute den Menschensohn?” Sie sagten: »Die einen für Johannes den Täufer, andere für Elija, wieder andere für Jeremia oder sonst einen Propheten.”
Da sagte er zu ihnen: »Ihr aber, für wen haltet ihr mich?”

(MATTHÄUS 16,13)

»Ich aber sage euch: Elija ist schon gekommen, doch sie haben ihn nicht erkannt.« Da verstanden die Jünger, daß er von Johannes dem Täufer sprach.

(MATTHÄUS 17,12)

Da fragten ihn seine Jünger: »Rabbi, wer hat gesündigt? Er selbst? Oder haben seine Eltern gesündigt, daß er blind geboren wurde?"

(JOHANNES 9,2)

Und alle beteten zusammen mit Jesus zum Himmelsvater und zur Erdenmutter. Und danach sprach Jesus zu ihnen: »Genau so wie euer Körper durch die Engel der Erdenmutter wiedergeboren werde, genauso möge euer Geist durch die Engel des Vaters wiedergeboren werde.

(DAS FRIEDENSEVANGELIUM DER ESSENER)

Der Gedanke der Wiedergeburt verhinderte bestimmte Machtstrukturen der Kirche. Das Volk konnte mit der Lehre von einem einmaligen Leben besser geführt und ausgebeutet werden. Mit Ablaßzahlungen wurde den Gläubigen dann vorgegaukelt, sie könnten sich von Sünden freikaufen und sich so einen Platz im Himmel sichern. Fortan prägte also nicht die eigene Weiterentwicklung über viele Inkarnationen hinweg, sondern die Abhängigkeit vom Klerus, der über Gedeih und Verderb der armen Seele bestimmen konnte, das Glaubensbild. Selbst die Könige mächtiger Länder fürchteten um ihre Exkommunikation und wurden so zum politischen Spielball der Kirche. Mit ziemlicher Sicherheit korrigierten die damaligen Kirchenherren die heiligen Schriften in ihrem Sinne um.

Bis zum Tod – und darüber hinaus

Menschen mit Nahtoderfahrungen sind einen Schritt über die Schwelle des Todes gegangen und haben nach ihrer Wiederbelebung gänzlich die Angst vor dem Tod verloren. In ihren Berichten sprechen sie meist über ein herrliches Licht und Sphärenklänge, in deren Nähe sie sich geborgen und glücklich fühlten. Einige werden von Engelwesen begrüßt oder von bereits verstorbenen Verwandten erwartet. Viele dieser Menschen mit Nahtoderfahrung wollen nach solch schönen Erlebnissen gar nicht mehr ins Leben zurück. Dieses Ereignis jedoch ändert ihr weiteres Leben völlig. Sie leben fortan sehr bewusst und ohne Angst vor dem Tod.

Atheisten sterben in der Regel schwer. Sie können ihr Leben nicht loslassen, denken sie doch, daß danach nichts mehr kommt, alles zu Ende ist. In den verbissenen Gesichtern der Verstorbenen spiegelt sich der Kampf gegen das Ende wider, während sich bei den gläubigen Menschen in ihrem entspannten Gesicht ein innerer Frieden zeigt.

Nach dem Tod braucht die Seele ungefähr drei Tage, bis sie sich vollständig vom irdischen Körper gelöst hat. Dies ist die Zeit der Totenwache, wie sie auch in unserem Kulturkreis bis vor wenigen Jahrzehnten üblich war. Mit Gebeten wird der Verstorbene für seine Reise gestärkt und das Ablösen erleichtert.

Der Brauch der Totenwache hat seinen Sinn gehabt. Durch das Beten wurde der Verstorbene noch ein letztes Mal ein Stück seines Weges begleitet. Die Hinterbliebenen hatten die Möglichkeit, dem Verstorbenen einen letzten Dienst zu erweisen. Führen wir doch diesen sinnvollen Brauch wieder ein!

Beim Verlassen des Körpers verbraucht der Verstorbene Lebensenergie (Prana), da er noch nicht an die neuen Bedingungen angepaßt ist. Dieses Prana zieht er aus jeder sich bietenden Quelle. Dies erklärt die Müdigkeit der Menschen, die sich in der Nähe des Toten aufhalten. Wenn im Raum viele Kerzen angezündet und frische Blumen aufgestellt werden, kann der Verstorbene aus dieser Quelle seine Energie schöpfen und muß nicht von den Lebenden zehren. Dies verhindert auch, daß er sich an die Lebenden bindet und so in einem Zwischenstadium hängen bleibt. Dreimal am Tag sollte für den Toten gebetet werden. Auf keinen Fall darf im Gebet der Wunsch geäußert werden, daß der Verstorbene zurückkommt. Dies könnte verhängnisvolle Folgen haben. Der Verstorbene könnte unter Umständen in der Erdgürtelzone verweilen, anstatt sich weiter zu entwickeln. Lassen Sie den Verstorbenen in Liebe ziehen. Halten Sie ihn nicht emotional fest. Sie dürfen ruhig trauern, aber seien Sie sich dabei stets bewußt, daß es Ihr Verlust ist, um den Sie trauern und daß es egoistisch wäre, den Verstorbenen zurückzuwünschen. Sie erleichtern dem Toten den Weg ins Licht, wenn Sie ihn in emotionaler Freiheit ziehen lassen.

Ein Brauch bei uns ist es, in schwarzer Kleidung zu trauern. Schwarz ist die Farbe, die alles konzentriert und verschließt. Wenn Sie nun schwarze Kleidung tragen, behalten Sie Ihren Schmerz bei sich. Er kann sich nicht auflösen. Die Buddhisten tragen weiß bei einer Beerdigung. Sie wissen, daß der Verstorbene nun eine große Reise antreten wird, und dies ist ein Grund zur Freude. Die Inder und viele andere Völker sind davon überzeugt, daß der Tote in einem neuen Körper wieder zur Erde kommt, um sich neuen Aufgaben zu stellen. Ist es nicht ein großer Trost, zu wissen, daß nach dem Tod nicht alles zu Ende ist?

Eine balinesische Bestattungszeremonie

Bei meinem Besuch der indonesischen Insel Bali war ich besonders von dem Umgang der dortigen Menschen mit dem Tod beeindruckt. Eine balinesische Familie lud mich zu einer Trauerfeierlichkeit ein; die Mutter der Familie war gestorben.

Der Tod ist für die Balinesen, ganz im Gegensatz zu unserer Gesellschaft, ein sehr natürlicher und gleichzeitig auch fröhlicher Aspekt. Die Seele (Atman) füllt nach balinesisch-hinduistischem Glauben den ganzen Körper aus. Den Hauptsitz hat sie jedoch im Kopf, dem heiligsten Teil des Körpers. Während des Schlafes entweicht ein Teil der Seele durch den Mund und wandelt auf der Erde umher. Die Träume zeigen deren Erlebnisse in der Welt. Wenn die Seele nicht zurückkehrt, stirbt der Mensch. Damit die Bindung der Seele an den Körper vollständig aufgelöst wird, muß die körperliche Hülle vernichtet werden. Durch die Verbrennung wird der Körper (die Hülle der Seele) in die fünf Bestandteile – die Elemente Feuer, Wasser, Luft, Erde und Äther – aufgelöst, um zurück in den Himmel, ins Reich der Götter aufzusteigen. Dieser Vorgang wird unterstützt, indem der Leichnam, wenn möglich direkt am Tag des Todes, mit einer knapp gehaltenen Zeremonie beerdigt wird. Danach muß er 42 Tage unter der Erde bleiben. Auf das Grab werden in dieser Zeit täglich Speiseopfer dargebracht. Nach zwölf Tagen reinigen sich alle, die mit dem Toten in Berührung gekommen sind. Nach dieser Zeit kann und sollte der Leichnam schnellstmöglich verbrannt werden, damit die auf dem Friedhof umherwandelnde Seele keinen Schaden anrichten kann. Jegliches »Unheil«, welches eine Familie einholt, wird auf den noch nicht befreiten Verwanden zurückgeführt.

Eine Verbrennungszeremonie ist mit enormen Kosten verbunden. Ärmere Familien sparen oft bis zu zehn Jahren für eine derartigen Beisetzung. Meist schließen sich auch mehrere Familien zusammen und teilen sich die Kosten. Wochen, meist Monate vor dem festgelegten Verbrennungstermin, der astrologisch vom Priester bestimmt wird, beginnen die Vorbereitungen. Es wird ein Turm aus Bambus gebaut, der mit bunten, goldverzierten Stoffen und kleinen Spiegelchen behängt wird. Je nach Reichtum und Stand des Toten ist dieser mehr oder weniger aufwendig geschmückt. Der Turm kann, je nach Kaste, zwischen drei und neun Dächer haben. Den Brahmanen (oberste Priester) stehen elf Dächer zu. (Die elf Dächer symbolisieren den höchsten und heiligsten Berg Balis, den Agung. Auf ihm sollen die Götter wohnen.)

Während dieser Zeit kommen aus ganz Bali Verwandte und Bekannte, um bei den Vorbereitungen zu helfen. Sie bringen Opfergaben für den Verstorbenen. Drei Tage vor dem Verbrennungstermin werden der Leichnam oder dessen Überreste ausgegraben und im Haus der Angehörigen, auf einem Podest inmitten der Opfergaben aufgebahrt. Dabei spielt die ganze Zeit das Gamelanorchester rituelle Musik.

Am Tag der Verbrennung versammelt sich die ganze Verwandtschaft im Hof. Nach einem Festmahl wird der Leichnam in den Verbrennungsturm gelegt. Mit viel Lärm und immer in Begleitung des Gamelanorchesters, macht sich ein Zug Menschen auf den Weg zum Verbrennungsplatz. Einige Männer tragen den Turm mit der Leiche und die Frauen die Opfergaben. Der älteste Sohn steht mit auf dem Turm und begleitet den Toten. An Kreuzungen wird der Turm mehrere Male im Kreis gedreht, um die Seele zu verwirren und es ihr unmöglich zu machen, den Heimweg wieder zu finden.

Am Verbrennungsplatz wird der Leichnam in den Verbrennungssarg gelegt. Die Verwandten gehen nun zum Toten, verabschieden sich noch einmal von ihm und legen zahlreiche Opfergaben und persönliche Dinge, die dem Verstorbenen wichtig waren, auf den Leichnam, unter anderem auch eine aus chinesischen Münzen angefertigte Puppe, die die exakten Körpermaße des Verstorbenen hat. Nach einigen Gebeten und der Segnung des Priesters wird der Sarg angezündet. Auch der Turm und alle restlichen Opfergaben werden verbrannt. Nach einigen Stunden, wenn alles zu Asche geworden ist, wird diese aufgesammelt und in einer Kokosnußschale aufbewahrt. Tage später gibt man die Asche ins Meer oder einen Fluß, der ins Meer mündet.

Der letzte Schritt, um dem Verstorbenen eine neue Verkörperung zu ermöglichen, ist die Seelensuche des Priesters. Dazu begibt er sich in Trance und sucht die Seele. Hat er sie gefunden, spricht sie durch ihn zu den Verwandten. Der Priester hat nun den Verstorbenen inkorporiert (in sich aufgenommen) und begibt sich zum Muttertempel, wo er die Seele dann endgültig in die Götterwelt entläßt.

Den Sterbenden begleiten

Wir sollten uns dafür einsetzten, daß unsere Familienangehörigen, wenn möglich, zu Hause in Frieden sterben können und nicht in einer herzlosen, sterilen Klinikatmosphäre. Dann haben wir die Möglichkeit, ihnen unser letztes Geleit zu geben. Wir können den Raum mit Blumen und Kerzen schmücken und unsere Gebete sprechen.

Christliche Hilfe:

Beten Sie dreimal am Tag den Rosenkranz. Dieses christliche Gebet hat eine sehr wohltuende Wirkung, wenn es ganz bewußt gesprochen wird. Maria ist die Begleiterin und Schützerin der verstorbenen Seelen:

Der Rosenkranz

Am besten ist es, einen geweihten Rosenkranz zum Beten zu verwenden. Bei jedem Gebet geht man dann mit den Fingern eine Perle weiter. Sie können aber genauso an den Fingern abzählen. Eine Rosenkranzkette lädt sich allerdings durch den ständigen Gebrauch energetisch auf, was dem Betenden wiederum zunutze kommt.

Sie erhalten eine Rosenkranzkette im Kirchenbedarfshandel oder in kleinen Geschäften, die sich neben Wallfahrtskirchen befinden. Bitten Sie einen Pfarrer, Ihren Rosenkranz zu weihen, oder weihen Sie ihn selbst. Dazu nehmen Sie die Kette in die linke Hand. Erheben Sie sich und breiten Sie die geöffneten Hände wie Schalen empfangend nach oben aus. Rufen Sie dreimal: »Ich rufe die Bruderschaft der mystischen Rose. Ich bitte Maria von Nazareth um ihren Segen und ihre Begleitung. Möge dieser Rosenkranz auf immer mit der Energie der reinen Liebe geweiht sein. So sei es.« Eventuell können Sie nun den zarten Geruch von Rosen im Raum wahrnehmen.

Wir unterscheiden den Freudenreichen Rosenkranz, den Schmerzhaften Rosenkranz und den Glorreichen Rosenkranz. Jeder Rosenkranz besteht aus der Einleitung und fünf »Gesätzen«. Jedes Gesätz umfaßt zehn Avemaria, in die ein bestimmtes Geheimnis aus dem Leben Jesu eingefügt wird. Jedes Gesätz beginnt mit einem »Vaterunser« und einem »Ehre sei dem Vater«. Daran kann noch ein Fatimagebet (siehe *Der freudenreiche Rosenkranz* S. 239) angefügt werden. Entzünden Sie beim Beten eine gesegnete Kerze (Segnung wie beim Rosenkranz).

Die Einleitung aller drei Rosenkranzformen besteht aus folgenden sechs Punkten:

1. Segen im Namen der Dreifaltigkeit
2. Glaubensbekenntnis
3. Ehre dem Vater
4. Vaterunser
5. Avemaria 3x mit jeweils wechselndem eingeschobenen Satz
6. Ehre dem Vater

1. Segen:
Im Namen des Vaters und des Sohnes
und des Heiligen Geistes. AMEN.

2. Glaubensbekenntnis:
Ich glaube an Gott, den Vater, den Allmächtigen,
den Schöpfer des Himmels und der Erde
und an Jesus Christus, seinen eingeborenen Sohn, unseren Herrn.
Empfangen durch den Heiligen Geist,
geboren von der Jungfrau Maria,
gelitten unter Pontius Pilatus,
gekreuzigt, gestorben und begraben.
Hinabgestiegen in das Reich des Todes.
Am dritten Tage auferstanden von den Toten,
aufgefahren in den Himmel.
Er sitzt zur Rechten Gottes, des allmächtigen Vaters,
von dort wird er richten die Lebenden und die Toten.
Ich glaube an den Heiligen Geist,
die heilige katholische Kirche,
die Gemeinschaft der Heiligen,
die Vergebung der Sünden,
die Auferstehung der Toten
und das ewige Leben.
Amen.

3. Ehre dem Vater
Ehre sei dem Vater und dem Sohn und dem Heiligen Geist
– wie im Anfang so auch jetzt und alle Zeit und in Ewigkeit.
Amen.

4. Vaterunser

Vater unser im Himmel,
geheiligt werde dein Name,
dein Reich komme,
dein Wille geschehe
wie im Himmel so auf Erden.
Unser tägliches Brot gib uns heute,
und vergib uns unsere Schuld
wie auch wir vergeben unseren Schuldigern.
Und führe uns aus der Versuchung
und erlöse uns von dem Bösen,
denn dein ist das Reich und die Kraft und die Herrlichkeit
in Ewigkeit.
Amen.

5. Avemaria

Gegrüßest seist du Maria, voll der Gnade.
Der Herr ist mit dir.
Du bist gebenedeit unter den Frauen, und gebenedeit ist die Frucht deines Leibes, Jesus,
DER IN UNS DEN GLAUBEN VERMEHRE.
Heilige Maria, Mutter Gottes, bitte für uns Sünder
jetzt und in der Stunde unseres Todes.
Amen.

Gegrüßest seist du Maria, voll der Gnade.
Der Herr ist mit dir.
Du bist gebenedeit unter den Frauen,
und gebenedeit ist die Frucht deines Leibes, Jesus,
DER IN UNS DIE HOFFNUNG STÄRKE.
Heilige Maria, Mutter Gottes,
bitte für uns Sünder
jetzt und in der Stunde unseres Todes.
Amen.

Gegrüßest seist du Maria, voll der Gnade.
Der Herr ist mit dir.
Du bist gebenedeit unter den Frauen,
und gebenedeit ist die Frucht deines Leibes, Jesus,
DER IN UNS DIE LIEBE ENTZÜNDE.
Heilige Maria, Mutter Gottes,
bitte für uns Sünder
jetzt und in der Stunde unseres Todes.
Amen.

6. *Ehre dem Vater*
Ehre sei dem Vater und dem Sohne und dem Heiligen Geist
– wie im Anfang, so auch jetzt und alle Zeit und in Ewigkeit.
Amen.

Der freudenreiche Rosenkranz

1. Gesätz

1 x Vaterunser
10 x Avemaria – siehe Einleitung, doch statt dort großgeschriebenem Geheimnis nachfolgendes verwenden:
DEN DU, OH JUNGFRAU, VOM HEILIGEN GEIST EMPFANGEN HAST.
1x Ehre dem Vater
1x Fatimagebet:

OH mein Jesus, verzeih uns unsere Sünden,
bewahre uns vor dem Feuer der Hölle,
führe alle Seelen in den Himmel,
besonders jene, die deiner Barmherzigkeit bedürfen.

2. *Gesätz:* wie 1. Gesätz mit folgendem Jesus-Geheimnis im Avemaria:

DEN DU, OH JUNGFRAU, ZU ELISABETH GETRAGEN HAST.

3. *Gesätz:* wie 1. Gesätz mit folgendem Jesus-Geheimnis im Avemaria:

DEN DU, OH JUNGFRAU, GEBOREN HAST.

4. *Gesätz:* wie 1. Gesätz mit folgendem Jesus-Geheimnis im Avemaria:

DEN DU, OH JUNGFRAU, IM TEMPEL AUFGEOPFERT HAST.

5. *Gesätz:* wie 1. Gesätz mit folgendem Jesus-Geheimnis im Avemaria:

DEN DU, OH JUNGFRAU, IM TEMPEL WIEDERGEFUNDEN HAST.

Der schmerzensreiche Rosenkranz

1. Gesätz: wie 1. Gesätz »Freudenreicher Rosenkranz« mit folgendem Jesus-Geheimnis im Avemaria:
DER FÜR UNS BLUT GESCHWITZT HAT.

2. Gesätz: wie 1. Gesätz »Freudenreicher Rosenkranz« mit folgendem Jesus-Geheimnis im Avemaria:
DER FÜR UNS GEGEIßELT WORDEN IST.

3. Gesätz: wie 1. Gesätz »Freudenreicher Rosenkranz« mit folgendem Jesus-Geheimnis im Avemaria:
DER FÜR UNS MIT DORNEN GEKRÖNT WORDEN IST.

4. Gesätz: wie 1. Gesätz »Freudenreicher Rosenkranz« mit folgendem Jesus-Geheimnis im Avemaria:
DER FÜR UNS DAS SCHWERE KREUZ GETRAGEN HAT.

5. Gesätz: wie 1. Gesätz »Freudenreicher Rosenkranz« mit folgendem Jesus-Geheimnis im Avemaria:
DER FÜR UNS GEKREUZIGT WORDEN IST.

Der glorreiche Rosenkranz

1. Gesätz: wie 1. Gesätz »Freudenreicher Rosenkranz« mit folgendem Jesus-Geheimnis im Avemaria:
DER VON DEN TOTEN AUFERSTANDEN IST.

2.Gesätz: wie 1. Gesätz »Freudenreicher Rosenkranz« mit folgendem Jesus-Geheimnis im Avemaria:
DER IN DEN HIMMEL AUFGEFAHREN IST.

3. Gesätz: wie 1. Gesätz »Freudenreicher Rosenkranz« mit folgendem Jesus-Geheimnis im Avemaria:
DER UNS DEN HEILIGEN GEIST
GESANDT HAT.

4. Gesätz: wie 1. Gesätz »Freudenreicher Rosenkranz« mit folgendem Jesus-Geheimnis im Avemaria:
DER DICH, OH JUNGFRAU,
IN DEN HIMMEL AUFGENOMMEN HAT.

5. Gesätz: wie 1. Gesätz »Freudenreicher Rosenkranz« mit folgendem Jesus-Geheimnis im Avemaria:
DER DICH, OH JUNGFRAU,
IM HIMMEL GEKRÖNT HAT.

Buddhistische Hilfe:

• Rezitieren Sie das Mantra der grünen Tara:

OM TARE TUTTARE TURE SVAHA

Dieses Kapitel möchte ich mit einem, so finde ich, wunderschönen Text von G. Perico abschließen, welcher bei der Beerdigung eines Freundes gelesen wurde:

AN DICH, DER DU DEINE TOTEN BEWEINST

Wenn Du mich liebst, weine nicht!
Wenn Du das große Geheimnis des Himmels kennen würdest, wo ich mich jetzt befinde, wenn Du das sehen und wahrnehmen könntest, wo ich in diesen grenzenlosen Horizonten und in diesem Licht, das alles erleuchtet und durchdringt, wahrnehme, würdest Du nicht weinen, wenn Du mich liebst.

Hier wird man nun mehr von Gottes Zauber, von Seinem Ausdruck unendlicher Güte und von dem Widerschein Seiner unendlichen Schönheit durchdrungen. Die Dinge von damals sind im Vergleich dazu so klein und so flüchtig.
Die Liebe zu Dir ist mir geblieben: Eine Zärtlichkeit, wie ich sie nie kannte. Ich bin glücklich, Dir in der Zeit begegnet zu sein. Auch wenn damals alles so flüchtig und so begrenzt war. Jetzt ist die Liebe, die mich an Dich bindet, reine Freude ohne Ende.

Während ich in der glücklichen und überschwenglichen Erwartung Deiner Ankunft lebe, musst Du Dir mich so vorstellen.

In Deinen Kämpfen, Augenblicken der Trostlosigkeit und Einsamkeit denk an dieses wunderbare Haus, wo es keinen Tod gibt und wo wir gemeinsam unseren Durst im regen Austausch an der unversiegbaren Quelle der Liebe und des Glücks stillen.

Weine nicht mehr, wenn Du mich wirklich liebst.

G. Perico, S.J.

LICHTNETZ ERDE

Viele magisch arbeitende Menschen führen täglich ein Lichtritual, manchmal bis zu einer Stunde pro Tag aus, um zu bewirken, daß sich mehr Friede und Mitgefühl auf der Erde ausbreiten kann. Wir fordern jeden Menschen auf, Eigenverantwortung zu übernehmen und aktiv an der Lichtarbeit, ganz nach den jeweiligen persönlichen Möglichkeiten zu leisten. Jedes Gebet und jede Fürbitte wird von allen Wesen, die an das Rad der Wiedergeburten gebunden sind, benötigt. Es verankert sich unweigerlich im Speicher unseres Weltengedächtnisses, der Akasha-Chronik. Das große Geheimnis des Lichts ist es, daß es sich weltweit verbindet, egal welcher Religionszugehörigkeit der Lichtarbeiter angehört. Das Licht hat immer die Tendenz, sich zusammenzuschließen und vereint und gebündelt zu wirken.

Wir wollen Ihnen ans Herz legen, der folgenden Übung öfters, vielleicht sogar täglich nachzugehen. So entsteht eine weltweite Lichtvernetzung für den Frieden und die Heilung dieser Welt. Wenn sie diese Übung sehr oft wiederholen, werde sie ihre Aura stetig wachsen sehen. Auch hier gilt, daß alles, was wir aussenden, auch zu uns zurückkehrt – auch das Licht, das wir für die Erde und andere Menschen versenden!

Übung:

- Entzünden Sie eine weiße oder goldene Altarkerze, die Sie zuvor gesegnet haben.
- Setzen Sie sich bequem in Meditationshaltung hin.
- Bringen Sie sich zur Ruhe und kontrollieren Sie bewußt ihren Atem.
- Ihre Füße stehen fest und gut geerdet auf dem Boden.
- Bitten Sie nun Ihre geistige Führung um Unterstützung und um ihren Segen für diese Übung. Wenn Sie möchten, dürfen Sie nun auch die Große Kosmische Bruderschaft des Weißen Lichts um ihre Unterstützung bitten.
- Visualisieren Sie nun, wie weißgoldenes Licht das getragen ist von grenzenlosem Mitgefühl, in Ihren Scheitel einströmt und ganz sanft und heilend sich in Ihrem Körper verteilt.

Während der gesamten Übung empfiehlt es sich, eines der im Buch beschriebenen Reinigungsmantren zu flüstern. Beispielsweise das OM AH HUNG, das 100 Silben-Mantra, oder das Mantra des Padmasambhava.

- Jede Zelle und jedes Atom Ihres Körpers wird durchdrungen von diesem wunderbaren Licht.
- Alles Negative und Belastende, das Sie in Ihrem Körper mit sich tragen, wird nun ganz sanft aufgelöst und in Licht umgewandelt.
- Das Licht dehnt sich nun so weit aus, daß es den gesamten Raum in dem Sie sich befinden erhellt und ausfüllt. Eine große weißgoldene Sonne entsteht in Ihrem Zimmer. Sie dehnt sich nun im gesamten Haus aus und hüllt jeden Bewohner in angenehme und segenshafter Weise ein.
- Spüren Sie die Kraft ihrer Sonne!
- Visualisieren Sie nun, wie von Ihrer Sonne Lichtstrahlen

ausgesendet werden, die zu Ihren Freunden und Bekannten gelangen. Verankern Sie die einzelnen Lichtstrahlen in den Wohnungen Ihrer Freunde und Bekannten. Jeder Lichtstrahl, der auftrifft, bildet sofort eine weitere Sonne, die ebenfalls in alle Richtungen Sonnenstrahlen aussendet, die wiederum beim Auftreffen zu Lichtsonnen werden.

- Das ganze Land, beginnt nun weißgolden zu leuchten, denn die Lichtfäden überziehen die Nation.
- Sie sehen, wie die Lichtfäden, gleich einer Kettenreaktion über das Land hinaus strahlen und sich auf der gesamten Erde verankern und immer wieder neue Sonnen entstehen lassen.
- Schicken Sie ganz dicke Strahlen in die Krisengebiete dieser Erde, in die politischen Entscheidungszentren.
- Visualisieren Sie, daß überall wo einer Ihrer Lichtstrahlen eine Sonne entstehen läßt, alles Dunkle vertrieben wird und Friede und Heilung sich verbreitet.
- Senden Sie nun einen dichten und besonders strahlenden Lichtfaden Ihrer Sonne in Ihrem Zimmer direkt nach unten in die Erde. Verankern Sie diesen Lichtfaden im Erdkern und lassen Sie dort eine Sonne wachsen, die die Erde von innen nach außen erhellt.
- Bekräftigen Sie nun die Existenz Ihrer Sonne in Ihrem Zimmer und verankern Sie diese in Ihrer Vorstellungskraft, daß Sie von nun an immer leuchten möge und täglich stärker wird.
- Danken Sie nun allen Ihren geistigen Helfern für die erhaltene Unterstützung.
- Die Übung ist beendet.

Empfehlenswerte Literatur

Grimm Hans-Ulrich: *Aus Teufels Topf*

Hendel Dr. med. Barbara & Ferreira Peter: *Wasser und Salz, Urquell des Lebens*

Emoto, Masaru: *Wasserkristalle*

Ulsamer, Bertold und Hell Martin: *Wie hilft Familienstellen*

Hodapp, Bran O. & Rinkenbach, Iris: *Die hohe Kabbalah, Der Magische Spiegel, Weiße Naturmagie, Das große Buch der Drachen, Magischer Gegenzauber, Gegenzauber – Set*

Rinkenbach Iris: *Spirituelle Geburtsvorbereitung,*

Adressen, die Ihnen weiterhelfen können:

Vermittlung von seriösen Wünschelrutengängern und geobiologischen Beratern:
Forschungskreis für Geobiologie Dr. Hartmann e.V.
Adlerweg 1
69429 Waldbrunn
Tel: 06274-912102 Fax: 06274-9112109

Versandkatalog für spirituelle Bücher und Zubehör:
Pranahaus
Wöhlerstraße 4
79108 Freiburg
Tel.: 0180-5001517 Fax: 0180-5001513

DGH
Dachverband Geistiges Heilen e.V.
Steigerweg 55
69115 Heidelberg
Tel: 06221-169606 Fax: 06221-169607

H. ∴O. ∴M. ∴
Hermetischer Orden Melchisedek
www.melchisedek.org
info@melchisedek.org

Bran O. Hodapp
Praxis für Tibetische Heilmethoden,
Geistiges Heilen und Schamanismus
Anerkannter Ausbilder und Heiler im
Dachverband Geistiges Heilen DGH e.V.
Vorstandsmitglied im DGH e.V.

Schillerstraße 3
77933 Lahr
Telefon: 07821-9205557
www.hodapp.biz

Alrunia – Praxis und Ausbildung
Vom Dachverband Geistiges Heilen e.V.
anerkanntes Ausbildungsinstitut
Inh.: Iris Rinkenbach

Weißenbach 30
77797 Ohlsbach
Telefon: 07803-7301
www.alrunia.de

Wir fertigen für Sie:
Magisch energetisierte Dryade-
Schutzengel-Amulette
Wir unterrichten:
Geistiges Heilen
Hypnose
Pendelpraxis
Kabbala
Runen
Sensible Wahrnehmung
Weiße Magie und Mysterienwissen

Quellennachweis

Aivanhov, Omraam Mikael, *Geheimnis Mensch*, Fréjus, Frankreich 1997
Aivanhov, Omraam Mikael, *Auf dem Weg zur Sonnenkultur*, Fréjus, Frankreich 1997
Aivanhov, Omraam Mikael, *Die geometrischen Figuren und ihre Sprache*, Fréjus 2001
Aivanhov, Omraam Mikael, *Der Tierkreis, Schlüssel zu Mensch und Kosmos*, Fréjus 1999
Aivanhov, Omraam Mikael, *Die Mysterien von Jesod*, Fréjus 1991
Aivanhov, Omraam Mikael, *Die Früchte des Lebensbaums*, Fréjus 2000
Atteshlis, Dr. Stylianos (Daskalos), *The Symbol of Life*, Zypern 1998
Atteshlis, Dr. Stylianos (Daskalos), *Esoterische Lehren*, Ulm 1991
Bardon, Franz, *Frabato*, Freiburg 1958
Bardon, Franz, *Die Praxis der magischen Evokation*, Freiburg, 1956
Bardon, Franz, *Der Schlüssel zur wahren Quabbalah*, Freiburg, 1957
Bardon, Franz, *Der Weg zum wahren Adepten*, Freiburg 1956
Steiner, Rudolf, *Die Geheimwissenschaft im Umriß*, Dornach 1972
Nettesheim, Agrippa von, *Die Magischen Werke*, Wiesbaden 1997
Nettesheim, Agrippa von, *De Occulta Philosophia*, Suttgart 1856
Papus, *La Cabbale*, Paris 1903
Paracelsus, *Mikrokosmos und Makrokosmos Okkulte Schriften*, Nachdruck, Dreieich 1994
Pfaffenhoff, Jean-Marie, *Die Engel Deines Lebens*, Güllesheim 1997
Rüggeberg, Dieter (Herausg.), *Fragen an Meister Arion (Franz Bardon)*, Wuppertal 1997
Steiner, Rudolf, *Wie erlangt man Erkenntnisse der höheren Welten?*, Stuttgart 1961

Steiner, Rudolf, *Die Geheimwissenschaft im Umriß*, Dornach 1972
Matrix 3000 März/April 2003
Haziel Gebete für Gesundheit und Heilung, Freiburg 4. Auflage 2000
Mittwerde, M., *Spirituelles Wörterbuch*, Sanskrit-Deutsch, Dietzenbach 1999
Chögyal Namkhai Norbu, *Die Kostbare Vase*, Manuskript, Landshut 2003
Privatarchiv des Hermetischen Orden Melchisedek
Privatarchiv nichtöffentlicher buddhistischer Texte

Bildnachweis

Die folgenden Fotoaufnahmen in unserem Buch stellte uns freundlicherweise Horst Huber zur Verfügung:

Apfel 1, 2, 4
Münze
Geld 1
Shell 32Sa Kopie
Atomkraftwerk 1
Krebs
Handymast 2
Opferschale 2
Spirale
Salz Bad
Kreis
Indusnom

Buddha's praying
Wächterin
Tanz 1.1
Das Paar
Opferschale 1
Maria 3
Steinturm
Karma 1
Feuer
Carnac 1

Weitere Fotos wurden vom Autor Bran O. Hodapp und der Unterstützung von Paul Hodapp angefertigt und von Stephan Faust überarbeitet.

Die Illustrationen stammen von Stephan Faust.

James M. Pryse

Reinkarnation im Neuen Testament

In diesem Buch erfahren Sie Hintergründe zu der These, dass die Reinkarnation nur deshalb nicht in der Bibel erwänt wird, weil sie zu jener Zeit eine selbstverständliche Annahme war!
Neben einer Untersuchung der Schriften des Neuen Testaments und einer Einführung in die Philosophie der Reinkarnation erhalten Sie in diesem Buch auch eine Erläuterung des Themas Reinkarnation aus heutiger Sicht..

192 Seiten
mit s/w-Abbildungen
ISBN 978-3-89767-456-1

Markus Schirner

Talismane und Amulette

Dieses Buch führt durch die Welt der Talismane und Amulette. In vielen Kulturen wirken Symbole bis heute im Sinne ihres Trägers: Sie schützen, schenken Liebe oder Heilung, verleihen magische Kräfte, dienen der Verführung, bringen Erfolg, Stärke oder Mut. In diesem Buch wird eine Auswahl früherer sowie moderner Talismane und Amulette vorgestellt, die zum großen Teil auch heute noch erhältlich sind.

192 Seiten
zahlreiche farbige Abbildungen
ISBN 978-3-89767-438-7